肖怀宇 ◎ 著

大学生生涯发展规划

中国传媒大学出版社
·北京·

图书在版编目(CIP)数据

大学生生涯发展规划 / 肖怀宇著. -- 北京 : 中国传媒大学出版社, 2024.1
ISBN 978-7-5657-3497-7

Ⅰ. ①大… Ⅱ. ①肖… Ⅲ. ①大学生—职业选择 Ⅳ. ①G647.38

中国国家版本馆 CIP 数据核字(2023)第 212556 号

大学生生涯发展规划
DAXUESHENG SHENGYA FAZHAN GUIHUA

著　　者 肖怀宇
策划编辑 张　笛
责任编辑 张　笛
责任印制 李志鹏
封面设计 拓美设计

出版发行 中国传媒大学出版社
社　　址 北京市朝阳区定福庄东街 1 号　　**邮　　编** 100024
电　　话 86-10-65450528　65450532　　**传　　真** 65779405
网　　址 http://cucp.cuc.edu.cn
经　　销 全国新华书店

印　　刷 唐山玺诚印务有限公司
开　　本 787mm×1092mm　1/16
印　　张 14.25
字　　数 200 千字
版　　次 2024 年 1 月第 1 版
印　　次 2024 年 1 月第 1 次印刷

书　　号 ISBN 978-7-5657-3497-7/G · 3497　　**定　　价** 58.00 元

本社法律顾问: 北京嘉润律师事务所　郭建平

目 录

生涯准备篇——机会只留给有准备的人

生涯成熟篇——让人生适得其所

PAPT 01

生涯认知篇 >>>

——生涯之学，即应变之学

第一章　生涯与生涯发展

第一节　什么是生涯

要了解生涯发展与规划,先要知道什么是生涯。

“生涯”一词,最初的出处可追溯到《庄子·养生主》,“吾生也有涯,而知也无涯”,此处的“生”代表生命的含义,“涯”则表示边界的概念。从生涯的英文“career”来看,生涯指个体一生的历程或发展,尤指众人皆知的显赫或非凡时期(见《牛津英语辞典》)。因此,广义的生涯就是指我们的整个人生历程。

“生涯”作为特定名词和固有概念,有其丰富的内涵和特征。而且,与“生涯”相关的名词和研究相当多,包括:生涯发展(career development)、生涯规划(career management/planning)、生涯认知(career cognitive)、生涯探索(career exploration)、生涯决策(career decision)、生涯调适(career adjustment)、生涯成熟(career maturity)、生涯辅导(career guidance)、生涯教育(career education）和自我概念（self-concept）等，因此，我们需要对“生涯”的概念有更加明晰的界定。

一、生涯的定义

实际上，“生涯”的概念自产生以来就处于不断的演变之中，不同的学者对生涯的理解不同，甚至同一学者在不同时期的理解也有差别，所以学术界至今对“生涯”的定义仍存有分歧。下面仅列举部分有代表性的观点。

沙特尔（Shartle，1952）：生涯是指一个人在工作生活中所历经的职业或职位的总称。该定义将“生涯”的概念相对孤立地限定为职业生涯，只是静态地考察了职业或职位变化的结果。

舒伯（Super，1957）：生涯是一个人终生经历的所有职位的整个历程。该定义与前一界定范畴基本相同，不同之处在于它强调职业或职位的连续性、过程性。

麦克弗兰德（McFarland，1969）：生涯指一个人依据长期目标所形成的一系列工作选择，以及相关的教育或训练活动，是有计划的职业发展历程。该定义虽然还是将“生涯”概念限定在职业生涯的范畴，但内容却更加丰富和全面，包含目标、选择、相关教育或训练活动，而且强调个人的选择性和生涯的过程性。

霍德和班那兹（Hood & Banathy，1972）：生涯包括个人对工作职业的选择与发展、对非职业性或休闲活动的选择与追求，以及在社交活动中参与的满足感。与之前的观点相比，该定义拓展了“生涯”概念的范畴。生涯不再局限于职业，而是融入了非职业性或休闲活动，而且强调主体的选择性。不过，该定义也认为生涯的起点是从跨入职场开始算的。

霍尔(Hall,1976):生涯是指人终其一生,伴随工作或职业的有关经验与活动。该定义是从广义的角度来界定生涯的,从时间上提出了生涯应该包括整个生命过程,但界定还是比较笼统。

舒伯(Super,1976):生涯是生活中各种事态的连续演进方向,它统合了人一生中依序发展的各种职业和生活的角色,由个人对工作的投入而流露出独特的自我发展方式;它也是人自青春期至退休以后,一系列有酬或无酬职位的综合。除了职业之外,生涯还包括任何和工作有关的角色,如学生、受雇者、领退休金者,甚至包含家庭成员、公民。生涯是以人为中心的,只有在个人寻求它的时候,它才存在。这是舒伯经过多年生涯体验和研究后,对此前生涯概念的补充和完善。该定义对生涯的范畴和特征有了更明确、更全面的界定。

麦克丹尼尔斯(McDaniels,1978):生涯是一种"生活方式"的概念,包括人一生当中的工作与休闲活动。该定义是一个狭义的解释,只看到了生涯中的工作与休闲活动,而忽略了学习培训等活动。但认为生涯是一种生活模式、一种发展组型的观点,还是富有创新性和可取性的。

韦伯斯特(Webster,1986):生涯是个人一生职业、社会与人际关系的总称,即个人终身发展的历程。该定义强调生涯组成部分的完备性和过程性。

曼得和韦恩(Monday & Wayne,1987):生涯是一个人生命中选择追求的一般行动方案。该定义实际上是从生涯规划的角度界定生涯概念的。

林幸台(中国台湾,1987):生涯是一个人一生中所从事的工作,以及其担任的职务,也涉及其他非工作或非职业的活动和个人生活中衣食住行、娱乐等方面的活动与经验。

金树人(中国台湾,1987):"生涯"一词涵盖以下三个重点:(1)生涯的发展是一生当中连续不断的过程;(2)生涯包括个人在家庭、学校和社会中与工作等有关活动的经验;(3)这种经验塑造了独特的生活方式。

杨朝祥(中国台湾,1989):生涯是一个人在职前(preoccupational)、在职(occupational)及退休后(postoccupational)的生活中所拥有的各种职位、角色的总和。

张小凤(中国台湾,1989):生涯是指一个人所有的教育背景、工作情况、家庭情况以及他的生活角色等各种经验的整合。

上述四位中国台湾学者从中国人的角度,对西方人提出的"生涯"概念进行了修补和完善,其定义比较贴切且易于理解。他们不仅指出了生涯内容的构成:工作(职业)、生活、家庭、生活等角色,也看到了教育经历与各种经验对于生涯的重要作用和意义,明确了生涯是一系列角色和经验的有机结合。

此外,美国职业生涯发展协会(National Career Development Association)对"生涯"一词也有过定义:生涯是个人通过所从事工作创造出的一个有目的的、延续一定时间的生活模式。该定义从个人生涯发展的角度,强调有意识和有目的地创建生活模式,说明生涯是个人经验的主动建构。

通过上述比较,本书较为认同美国著名心理学家、生涯专家舒伯关于"生涯"的扩充定义,即生涯是生活中各种事态的连续演进方向,它统合了人一生中依序发展的各种职业和生活的角色,由个人对工作的投入而流露出独特的自我发展方式;它也是人自青春期至退休以后,一系列有酬或无酬职位的综合。除了职业之外,还包括任何和工作有关的角色,如学生、受雇者、领退休金者,甚至包含家庭成员、公民。生涯是以人为中心的,只有在个人寻求它的时候,它才存在。该定义在生涯领域被广泛认同和使用,为大多数中西方学者所接受。

二、生涯的特征

从生涯的定义可知,“生涯”并不等同于“职业”和“工作”,也不等同于“生命”和“生活”。它与我们“如影随行”,却又被我们“视而不见”。我们无法清晰描绘出生涯的轮廓,却又能切身感受到其存在。也许,透过生涯的特征,能让我们对其概念有一个更好的把握。总体来说,生涯具有方向性、时间性、空间性、独特性、主动性、现象性等特征。

方向性:生涯是生活中各种事态的连续演进方向。人生如大海航行,无论是随航线行进还是随风漂泊,总会有一个内在或外在的“引导者”影响或决定着人生行进的方向。“引导者”可能是自我概念,可能是生命意义或价值,也可能是某种需求、兴趣,还可能是某些紧跟社会的趋势。简言之,“引导者”是影响生涯发展的一切可能因素。

时间性:生涯的基本元素是时间。时间性是生涯的基本特征。生涯是持续一生的过程,包括过去、现在和未来,贯穿人一生的发展。在个人的生涯发展历程中,每一个“现在”都受到“过去”的影响,同时也在为“未来”做准备。只有立足现在,才能把握未来。

空间性:生涯统合了人一生中依序发展的各种职业和生活的角色,是一个综合体,具有空间性。从“生涯”在不同年龄段的横切面来看,它会同时体现为不同的角色;而从“生涯”的纵向发展来看,各种不同的角色轨迹既独立演进又相互交织。这种角色的纵横交错发展构成了“生涯”的空间。生涯的“空间”并非指全部生活的空间,而是指以工作为主轴的生活空间。这里的“工作”不是指简单意义上的某一职业或具体岗位,而应理解为一种为自己或他人创造价值的活动,具体的工作形式包括教育、培训、就业、创业等。

独特性：每个人的“生涯”都是独特的自我发展。不同的人可能会有相似的生涯发展经历，但因个体和环境的差异而有不同的发展方式，形成独特的经验。生涯的独特性决定了生涯的价值和发展方式。每个人都需要探索自己的生涯发展方式。

主动性：人是生涯的积极塑造者。生涯是以人为中心的。虽然生涯的发展不可避免地会受到很多客观因素的影响和制约，但人依然需要主动地思考、计划，进而创造条件和改变环境。

现象性：生涯不等于生命，并非客观存在场，而是个人在思考未来时主观意识所认定的存在。只有在个人寻求它时，它才“现身”，所以生涯是一种现象。生涯的发展不仅需要符合个人的特质（客观存在的事实），也需要符合个人主观意识的认定。

三、内生涯与外生涯

继舒伯提出生涯的扩充定义后，美国著名的心理学家、职业管理学家和生涯专家施恩（Schein）于1978年提出将生涯区分为内生涯和外生涯两个层面，进一步丰富和完善了“生涯”的概念，在生涯理论的发展过程中具有里程碑式的意义。

根据施恩的理论，内生涯是指生涯活动的内隐部分，如个人知识、技巧、能力、自信心和成就感等方面。而外生涯是指生涯活动的外显部分，如地位的提升、收入的增长、影响力的扩大等，可由外在标志物标识其发展进程和程度。

内、外生涯是密切联系、相辅相成的关系。内生涯发展是外生涯发展的前提和基础，没有内生涯发展作为支撑，外生涯就成了无源之水和空中楼阁;外生涯发展是内生涯发展的外在表现形式,为内生涯发展提供经验反馈和外部资源支持。只有内生涯成功转换为外生涯,外生涯有效作用于内生涯,才能不断推进个体生涯的发展。

四、生涯与生命、生活的关系

内、外生涯概念的建立进一步明晰了生涯的内涵,理清生涯与生命、生活的关系则是对生涯外延的有效补充。

生命、生活和生涯在人生历程中相辅相成、密不可分。生命是人生过程的生理基础和原生动力,承载了个人的全部生活和生涯。没有生命,一切都无从谈起,生活赋予生命以物质内容和精神体验,生活的物质内容让生命得以延续,而生活的精神内容使生命拥有意义。生涯是生命和生活的具体表现内容和形式,包括人应承担的各种任务和角色,所有生命的意义和生活的价值都必然具体化在个人的生涯历程中。

第二节　生涯发展概述

生涯并非静止不变,而是一个动态发展的过程,贯穿于每个人一生的发展之中。因此,研究生涯发展历程、明确生涯发展任务、探寻生涯发展规律、制定生涯发展方案等构成了生涯之学的主要内容。

大学生正处在人生快速发展的重要时期,也是思想、思维和价值观成型的黄金时段,更面临步入社会和适应社会发展的关键转折点。为了在未来的人生中收获更大成功和幸福,大学生需要吸取前人的教训,借鉴前人的经验，认知生涯发展的基本理念和规律，站在生涯发展的角度思考大学和人生，从而架起从现实通往理想的桥梁，享受快乐的人生。

事实上，人类一切活动的终极目的在于人类自身的发展，而个人的发展是整个人类发展的基石，个人的生涯发展又是个人发展最重要的方面，所以，追求和实现生涯发展也成为古往今来每个人一切活动的动力源泉和目标指向。

一、生涯发展的历史演变

从关注人生发展的角度切入，对生涯发展问题进行探讨历来是中外思想家关心的重大课题之一。例如，《周礼·保氏》记载了中国古代儒家要求学生掌握六种基本才能：礼、乐、射、御、书、数；古希腊哲学家提出“完人”思想（做德行完美、健全发展的人）等。基于当代大学生就业、职业发展和人生发展的需要，本书讨论的“生涯发展”主要是指人生历程中以事业发展为主轴的生涯发展，又称为职业生涯发展。

近代的职业生涯发展研究始于美国工业大扩张时期（19 世纪末至 20 世纪初），由职业辅导演变而来。彼时，美国正从一个农业国迅速发展为一个工业国（据相关报道，1894 年的美国工业生产总值首次成为世界首位），工业扩张和科技发展使生产力得到了极大解放。与此同时，世界各地的移民纷纷涌向美国，美国农民涌向城市，毕业生人数激增……这些社会变化因素最终促成“职业辅导”的产生，以满足工作人群充分就业和社会良性发展的需求。但此时的职业辅导没有任何科学基础，也没有完整的职业分类系统，仅包括简单的智力测验和性向测验等内容。直到 1908 年，美国波士顿大学教授弗兰克·帕森斯（Frank Parsons）在波士顿创办了世界上第一个职业指导机构——波士顿职业局(Boston Vocational Bureau),并于1909年出版了《职业选择》(*Choosing a vocation*)一书,倡导年轻人要了解自己的人格特质,并将其应用到不同的职业情境之中,职业辅导方才在理论和实践方面迈出了标志性的一步。帕森斯也被后人奉为“职业辅导之父”,其倡导的特质因素理论至今仍是生涯发展的基础理论之一。

生涯发展理论的另一主要基础是测评运动(也称测验运动)。测评运动源于差异心理学,最初主要用于鉴别智力天赋较好的年轻人和心智障碍者。第一次世界大战期间(1914—1918年),美国军队在新兵筛选中就运用了陆军甲种测验;20世纪20年代早期,美国明尼苏达机械能力项目(Minnesota Mechanical Abilities Project)启动,通过测验评估和职业咨询,为大量欧洲移民(特别是失业人群)进入劳动力市场提供帮助……这些测评为后来的生涯发展活动提供了量化工具和技术支持。

此外,生涯发展理论还受到第二次世界大战(1931—1945年)的影响。一方面,由于工会组织日益壮大,劳资冲突不断升级,引发了大量人力资源的使用问题,企业需要更合理、更持久的职员测评方法;另一方面,二战促使众多女性进入劳动力市场。这不仅打破了女性的传统角色定位,也让二战后女性进入职场并享受平等的就业权利成为可能。二战后,为了维持社会稳定和促进经济发展,大量退伍军人被安排进行再就业培训。从战时心理测验与疏导到战后的角色转变和再就业培训,美国的应用心理学得到了长足发展,其研究领域也从儿童发展扩展到生命全程发展。

1942年,舒伯以布尔赫勒于1933发表的《分析生命历程》为基础,正式提出“生涯发展”的观点。他认为,生涯发展是一种连续不断、循序渐进、有固定形态,并且可以预测的动态过程;同时,生涯发展也是一种妥协的过程,自我观念的发展与执行占有重要的地位。

1952 年,金斯伯格(Ginzberg)正式提出发展论,进一步丰富了生涯发展的内涵。他强调生涯发展的阶段性和选择性,认为个人职业选择是一系列相关的发展阶段,价值观、现实环境、心理因素、教育机会及成就都会影响个人职业选择;而成长是一个持续不断的过程,随时都必须作出不同的选择。

列文基斯特(Lavighurst)于 1953 年提出发展阶段论;舒伯与巴克拉奇(Bachrach)在 1957 年合著了《科学的生涯和职业发展理论》(*Scientific Careers and Vocational Development Theory*),提出生涯发展的 12 项基本主张;同期,霍兰德(Holland)、盖拉特(Gelatt)、克朗伯兹(Krumboltz)、博尔丁(Bordin)等学者也陆续提出生涯选择、生涯决定等新的观点和方法,使生涯发展理论体系日臻完备。

二、生涯发展的理论取向

对生涯的理解不同,各种生涯发展理论的关注点和侧重点也有所不同,从而演变出不同的理论取向,以下简单介绍其中五种。

(一)特质因素理论

该理论是最早的生涯发展理论之一。其核心思想是“人职匹配”,强调个人特质与职业选择的匹配关系。该理论假定,个体的能力兴趣与职业机会可以一一匹配;匹配一旦完成,个体的职业选择问题也就迎刃而解。早期特质因素理论的代表人物有帕森斯(Parsons,1909)、赫尔(Hull,1928)和基特森(Kitson,1925)。他们认为,选择职业时,首先,要通过心理测量工具评估个人的能力、态度、兴趣等;其次,要了解各行各业达到成功所需的条件、酬劳、机会等;最后,要以个人和职业的互相匹配作为职业选择和辅导的终级目标。只有这样,人才能适应工作,并且使个人和社会同时得益。测验工具的使用和职业资料的提供是特质因素理论强调的内容。特质因素理论后来又发展出几种分支:职业测评、兴趣问卷(如斯特朗职业兴趣量表、库特职业兴趣调查表)、能力测验(如能力区分测验、吉普氏能力调查表)等。特质因素理论因具有易操作性,其思想已被许多职业咨询者和生涯咨询者吸纳并实践。

现代的特质因素理论又被称为"个人—环境理论",是对原有特质因素理论的进一步修正和改进。代表性理论是戴维斯和勒夫奎斯特(Dawis & Lofquist,1984)提出的工作调适理论。工作调适理论除了强调对工作者的能力、价值观、人格和兴趣的评定,以及这些因素和职业的相互关系外,还强调对工作的调适,即工作者要不断寻求并维护与工作环境的调和性。这其中,个人对自身工作的满意度以及雇主认为的员工对工作的适合度是非常重要的两个评估方面。

特质因素理论的一个突出特点是它看重个人成就、兴趣、价值观、人格等方面与职业的匹配,强调个人特质与社会特质之间的关系。实际上,后续很多生涯发展理论都没有脱离这一基础。不过,特质因素理论的缺陷也很明显,即没有关注到个人的成就、兴趣、价值观和人格是如何变化的,忽视了生涯发展的动态性。

(二)生涯选择的社会取向

这种理论又被称为职业选择的事件理论。其核心观点是,个体无法控制的社会环境因素和事件会对人生造成重大影响——包括教育决策、生涯决策及其选择结果,而个人的主要任务就是觉察社会环境因素的变化,并发展出有效应对变化的认知和行为技能。这种观点的支持者主要有卡普洛

(Caplow,1954)、霍林斯黑德(Hollingshead,1949)、米勒和福姆(Miller & Form,1951),以及后来的戈特弗里德森(Gottfredson,1981)。他们认为个人拥有的自由选择的机会远远比通常认为的要少;他们还强调机会的作用,同时也注重结构变量,如社会阶层、经济状况、家庭环境以及与之相关的资源和局限性等。

(三)自我概念理论(发展理论)

该理论是集大成的理论,融入了发展心理学、差异心理学和认知心理学的很多概念。一方面取自布尔赫勒(Buehler,1933),舒伯(Super,1957),扎姆勒(Samler,1953),金兹伯格、金斯伯格、阿克塞尔拉德和赫尔马(Ginzberg,Ginsburg,Axelrad & Herma,1951),达德利和蒂德曼(Dudley & Tiedeman,1977),克内菲尔坎普和斯列皮兹(Knefelkamp & Slipitza,1978)等人的研究;另一方面来自罗杰斯(Rogers,1951)等"以来访者为中心"的咨询师的研究;一定程度上还吸收了戈特弗里德森(Gottfredson,1981)的理论内容。其中,最有代表性的人物是舒伯。他毕其一生致力于生涯发展理论的研究和实践,不断地丰富和完善其内容。该理论也是现今生涯发展领域被广泛认同和应用的理论。

自我概念理论的核心观点包括:自我概念会随着人们对现实看法的变化而改变,但总体来说,它会随着年龄增长和个体发展而越发清晰;个体逐步认识职业世界并形成职业概念,并把这种职业概念与他们的自我概念进行比较,从而作出生涯决策;个体作出生涯决策的合适程度,取决于其自我概念与其职业生涯概念之间的相似程度。

(四)职业选择的人格取向

这一取向的主要观点包括:霍波克(Hoppock,1957)有关职业选择的各种需要；霍兰德(Holland,1985)的人格类型理论；斯莫尔(Small,1953)、沙费尔(Schaffer,1953)、罗伊(Roe,1957)等对影响生涯选择和生涯满意度的特定人格因素所做的各类实证研究。这些研究涉及不同职业人群的人格特征和生活风格、特定行业或工作者的特定需要，以及与职业活动有关的精神障碍等。因此，人格取向理论一般认为：工作者选择某种工作的原因，是受他们人格形成经历的影响；而长期从事某种工作的人的人格会逐渐趋同，并形成这类工作者的人格特征。

罗伊提出的亲子影响理论强调儿童时期人格成长对职业选择的影响。她认为儿童时期的需要满足经验可影响个人的职业选择与职业行为，并提出了亲子互动模式，即儿童时期的需要满足主要通过父母来实现，从而形成儿童不同的人格形态，进而影响他们对未来职业的选择。

霍兰德的人格类型理论吸收了人格心理学的概念，将人格与职业环境对应起来，细分出六种人格和职业环境类型：实际型、研究型、艺术型、社会型、企业型、传统型。他认为一个人的行为是由其人格及所在环境的特点决定的；不同类型的人需要不同的生活和工作环境；如果人与环境的适配性高，其职业满意度、稳定性就高，职业成就也会更大；生涯的选择与调整是个人在对特定职业类型进行认同后的人格在工作中的表露或延伸。

(五)行为取向理论

行为取向理论是由米切尔、琼斯和克朗伯兹(Mitchell,Jones & Krumboltz,1979)，托勒森和尤尔特(Thoresen & Ewart,1978)等人阐述形成的。其中，克朗伯兹的社会学习理论最具有代表性。该理论强调社会因素和学习经验对生涯选择的影响。社会学习理论认为，四类因素将影响一个人的生涯选择，即遗传天赋、环境条件和事件、学习经验以及任务完成技巧。其中，环境条件和事件包括社会因素、教育条件和职业条件;而任务完成技巧是通过遗传天赋、环境以及不同的学习经验的交互影响而形成的。上述四类因素不断相互作用,促使个体形成对自己能力、兴趣、价值观的认识,以及对世界的认知(或统称为形成了自我概念)。而个体的行为正是综合了以前所有的学习经验、对自我与世界的认知以及自身具备的各种能力的结果。同时,社会学习理论认为生涯选择不只发生在人生某一阶段,而是伴随着人的一生。所以从某种意义上说,人生历程就是一系列的选择过程。这种选择不仅是个人自主的选择,也反映出社会提供的就业机会与需求。

由此可见,行为取向理论不仅强调社会、环境和个体特质对生涯选择的影响,也关注个体与环境的相互作用,特别是个人经验的学习和主动建构。该理论既考虑了生涯发展的综合性和复杂性,又阐述了认知发展可调节行为的思想,与现今人们的生涯发展历程更为相似,是生涯理论的重要发展之一。

除上述分类外,生涯发展理论还可以作出其他划分。如帕森斯的特质因素理论、罗伊的亲子影响理论、霍兰德的人格类型理论和博尔丁的心理动力理论都属于结构取向的理论,强调结构对应关系;而舒伯的生涯发展理论、克朗伯兹的社会学习理论和斯列皮兹的认知发展理论都属于过程取向的理论,重在研究生涯发展过程。实际上,各种生涯理论并非互不相干、彼此独立,而是有着内在的紧密联系和诸多共同点,在实务操作和实证研究方面均可以彼此借鉴、相互吸收。例如,继特质因素理论之后,各种生涯发展理论不再简单地进行“人职匹配”,而是将生涯发展引向个体生命全程,融入个体的自我和角色发展进程之中,直至扩展到终身发展的领域与范围。

三、生涯发展的内涵

生涯发展的内涵大致包含以下四个方面的内容。

(一)生涯发展是完善自我概念的过程

世间没有两片相同的树叶,世界上也没有两个完全相同的人。社会文化背景、遗传基因、教育经验、家庭关系与社会资源等差异以及情境的变化造就了每个人的独特性,并使每个人逐渐建构起独一无二的自我概念(包括个人的性格、兴趣、价值观、能力等);而自我概念又反作用于个体的生涯历程,影响生涯决定,特别是关于兴趣、价值观、能力和行为倾向的部分,对于生涯发展尤为重要。同时,正确的自我概念对生涯成熟也起着重要作用。所以,生涯发展过程主要是自我概念的完善,并借由生涯规划、生涯选择以及生涯目标的追寻,不断实现自我价值。

(二)生涯发展是一个持续变化的过程

生涯发展贯穿人的一生,并非自始至终一成不变,亦非一旦成型就不再改变。从幼年到老年,个体的生理、心理,社会的环境和机会都在不断变化,通过学习和实践获得的能力、经验也在不断提升,这些情境和因素的变化必然引起个体认知的变化,从而影响个体的行为,带来不同的生涯发展效果。因此,生涯发展是一个持续变化的过程。

(三)生涯发展是一个配合的过程

影响生涯发展的因素众多,所以生涯发展需要不断调适。这种“不适—

适应—再次不适—再次适应”的过程就是不断配合的过程。这种配合是指个人内、外生涯的匹配,个人与社会环境的协调,个人需要和组织、社会需要的结合。只有个人的内、外生涯和谐发展,个人的整体生涯发展才能顺畅;只有个人的才能、特质与组织和社会需要相一致,才能达到人尽其才的目的。

(四)生涯发展是一个选择机会增加的过程

从某种意义上说,生涯需要始终是驱动生涯发展的动力,而追求生涯的全面发展、充分发展也是个体一切生涯发展行动的终极目的。因此,生涯发展历程就是不断满足个体生涯需要的过程。个体在生涯发展过程中,一方面会主动搜寻外部世界更多适合发展的可能性,形成生涯发展的新需要;另一方面也会通过不断学习和实践,发掘并唤醒自身的各种潜能,满足未来生涯发展的各种需要。这两方面相辅相成、循环递进,无形中使个体的生涯认知能力、工作能力、决策能力和应变能力都得到加强,进而扩大了生涯发展的选择范围,增加了生涯选择的机会。

综上所述,“生涯发展”就是“个体在终身发展历程中,根据心智成熟变化、社会角色义务的转换及其与环境之间的相互作用,在不同的发展阶段衍生出不同的生涯抉择与心理认知,进而形成自己独特的包含各种日常生活、工作的综合性社会生活方式”。简而言之,生涯发展具有连续性和阶段性,并受到多方面因素的影响,是一个复杂的过程。它既是与人们职业活动相关联的发展,也是结合了社会需要和个性特征的个人独特发展。

四、生涯发展的影响因素

既然生涯发展受到多方面因素的影响,那么系统地了解这些影响因素就十分必要。这对我们寻求生涯发展的可能、准备生涯发展的技能、合理进行生涯决策等都有重要意义。

(一)内部因素

1. 健康与体质

身体健康与否,是影响生涯发展的基础因素。没有健康,一切无从谈起。另外,生理缺陷,例如残疾、色盲等,正常的生命周期,包括生、老、病、死和身体机能代谢消长等生理现象,也必然会影响生涯发展的选择。还有,像飞行员、宇航员等特殊职业,仅有健康的身体还远远不够,对视力、抗眩晕能力、持续集中的注意力和心理稳健等条件也有相关要求。

2. 性别

性别的影响主要表现在两方面:一方面,男性和女性因生理结构不同和传统的社会分工不同,展现出不同的能力特性和职业优势;另一方面,虽然性别歧视受到越来越多的批评,但现实的职业性别门槛和性别歧视现象,仍然存在。

3. 气质

心理学认为,气质是人的心理活动和行为方面的动力特征,即心理过程和动作发生的强度、速度、灵活性、持久性和指向性等方面的总和。例如,有的人活泼好动,反应灵敏;有的人安静稳重,反应迟缓;有的人十分急躁,情绪明显外露;有的人则不动声色,情绪细腻。由于不同气质类型的人对同一事情的反应和处置不同,从而导致不同结果。因此,气质和职业之间也存在着一定的匹配关系,是影响生涯发展的因素之一。

4. 性格

性格是个体最重要、最显著的个性特征，包括态度、意志、情绪等内容，是个体对现实稳定的态度和与之相适应的习惯行为方式的总和。职业心理学的研究表明，不同的职业对从业者的性格要求不同。如性格内向的人从事需外向性格的工作，显然难以得心应手，其工作满意度也会降低，生涯发展自然不会顺畅，容易遭遇波折。

5. 兴趣

心理学认为，兴趣是一个人力求认识、掌握某种事物，并经常参与相关活动的心理倾向。研究表明：一个人做感兴趣的事，可以发挥智力潜能的80%；而做不感兴趣的事情，只能发挥智力潜能的20%。所以，做事情全力以赴的真正驱动因素是来自内心的兴趣，因而生涯发展需要明确和尊重自己的兴趣。正是这种兴趣上的差异，构成人们选择职业的重要依据。兴趣爱好广泛的人，选择职业时的自由度相对大一些，也能更好地适应各种不同岗位的工作。

6. 能力

能力是胜任职位的必要条件之一，职位不同，能力要求也不同。著名数学家陈景润在数学研究领域中证明了哥德巴赫猜想，却因表达能力欠佳而无法胜任中学数学教师的职位。所以，对自身能力进行准确定位，注重培养和发展所需的职业技能，有助于个人的生涯发展。

7. 需要与动机

需要是个体行为和心理活动的内部动力，通常以动机、兴趣、价值观、志向、理想、信仰和信念等多种形式表现出来，是个性心理倾向性的基础。不同的需要带来不同的动机,不同的动机引发不同的行为,从而收获不同的效果。需要是影响生涯发展的重要的动力因素。

8. 世界观、人生观和价值观

世界观是人们对整个世界以及人与世界关系的总的看法和根本观点,决定了一个人的思想境界。人生观是世界观的重要组成部分,受到世界观的制约,是对人生的目的、意义和道德的根本看法和态度,具体包括幸福观、苦乐观、生死观、荣辱观、恋爱观等。而价值观是指一个人对周围的客观事物(包括人、事、物)的意义、重要性的总评价和总看法。价值观直接影响到个体做每件事情的决定,决定了一个人的行为准则。

(二)外部因素

外部因素实际上可以分为两类,一类是自身所处的小环境,包括家庭环境和组织环境;另一类是生活的大环境,也就是时代背景。

1. 家庭环境

家庭是个人的第一所学校和情感的主要归宿。家庭环境和家庭教育对人的影响潜移默化,无形中影响着个人的人生观、价值观和行为模式。因此,在个人的生涯发展中,家庭的经济基础、社会关系,以及家庭成员的决策干预和影响作用是巨大的。

2. 组织环境

组织环境包括组织目标与发展战略、组织文化、岗位和竞争者等。一般而言,个人的目标和发展方向应与组织目标相协调,符合组织的规章制度、管理模式、核心价值观等。此外,选择职业时应充分考虑各类职业特点、各层次岗位的供给和晋升情况、职业的发展前景和变化趋势,以及组织内外的竞争者情况等。

3. 时代背景

时代背景包括当下社会的政治环境、经济环境、社会价值取向和文明发达程度等。通常,大环境稳定时对个人生涯发展影响较小或仅仅有一些限定性影响,但如果政治、经济和社会动荡时,就会对个人生涯发展产生决定性的影响。例如,国家一项产业政策的变化,可能使某些行业产生或消失,进而导致某些职业的产生或消失,自然也会影响相关从业人员的生涯发展。而且,无论什么样的社会都会自然地形成一定的阶层,每个社会阶层的发展机会都有所不同。

这里特别要注意的是技术因素。科学技术是第一生产力。在当今社会,新技术不断涌现,伴随着技术的发展,职业供给结构也经历着快速的变化。因此,技术因素对每个人的生涯计划和发展都会产生影响。

总体来说,外部因素对人的生涯计划的影响往往是间接的,有一定的时滞性,因为外部影响只有通过企业目标、战略改变和组织变革,才会最终传递到员工个体。因此,企业管理人员应在引导员工关注组织内部环境的同时,引导员工向外考虑,及早把握职业走势,抢占先机。

五、生涯发展的模式

舒伯及其同事从事生涯模式研究(Career Pattern Study)20余年,在20世纪50年代提出了男性和女性各自不同的生涯发展模式。经过数十年的发展,在当今社会,男性的生涯发展模式主要有2种,而女性则有4种。

(一)男性生涯发展模式

1.稳定型模式

这是社会中大多数的男性生涯发展模式。在长久以来社会结构的影响下,男性多承担抚养家庭的主要责任,从参加工作直到退休,要保证收入稳定可以养活家庭。稳定型模式的男性承担了社会的大部分分工,在职场中通常会经历成长、探索、建立、维持、衰退等阶段。一般来说,30—55岁是男性的职场黄金期。

2.不稳定型模式

对于那些在职场中打拼多年的男性来说,通常会经历这样一个生涯时期:职业观从“我可以做到吗?”转变为“这对我来说有什么意义?”这是从寻求个人能力到寻求工作意义的转变。有些男性觉得他们现在的工作再也不能满足他们的需要,于是进入了生涯转换阶段。因为稳定的工作对男性生活有巨大影响,所以男性处在这一不确定的转换期特别有压力。如果生涯转换不顺利,那么他们就会产生更多冲突的感受。有些男性可能在这种想法中转向不稳定型模式,在职业选择上不断变换,以期达到自己的目标。

(二)男性生涯发展模式的特点

1.职业生涯的年限与健康紧密相关

性别对男性生活的实际影响之一,是平均寿命比女性少七年。尽管各种生物因素都可以影响生命年限,但是科学家哈里斯等人通过研究生命全程不同时期的死亡率,断定仅仅是生物因素不足以解释这一显著且持久的寿命差异。其他一些研究者提出男性与女性寿命差异中的75%要归因于男性的性别角色行为。这直接影响到男性的职业生涯年限。

2. 受男性特征影响较大

男性在职业生涯中受男性特征影响较大，如在问题出现的初期拒绝寻求帮助，并且在寻求帮助时也希望能表现出男子气概和控制力等。

由于在组织内，男性一般占据管理岗位，所以男性特征就会影响整个组织的文化。很多人在职业生涯中都曾受工作环境之累：他们的老板过度固着于男性特征，如强势、固执等，创造了一种苛刻的氛围，令他们工作时感到压力巨大。

3. 依赖攻击、追求权力

性别角色社会化的过程导致依赖攻击、追求权力等特征在男性生活的各个方面都表现得十分显著，其中也包括工作领域。显然，依靠攻击的方式来解决问题很容易引起暴力。

4. 不善于表达情感

职业专家认为，不善于表达情感会导致男性经常把某些人际关系评价为充满压力的，而且限制了他们应对问题的方式。女性更善于在处理不同意见时表达她们的情感和意见。男性应该意识到：与他人合作的能力、听取他人意见的能力、解决问题的能力，都需要善于表达自己的情感，这些能力在工作中比以前更加重要。

（三）女性生涯发展模式

一般而言，由于孕育子女的自然属性，女性有更多的家庭责任感和附属感，对事业少有雄心和野心，这直接影响到女性的职业选择和对职业生活的期望。因此，虽然当今社会提供给女性的工作机会增多，很多女性也以优秀的工作业绩得到社会的普遍认可，但其职业生涯轨迹还是与男性有许多不同之处。

女性职业生涯发展模式主要有以下 4 种类型。

1. 稳定型模式

女性的稳定型模式与男性的稳定型模式相似，即从参加工作一直持续到退休，职业生活没有太多的波折，呈现一种常规的符合职业生涯发展阶段的特征。虽然女性在结婚生育后，需要花费较多的时间和精力去照顾家庭，出现短暂的职业低潮期，但这个时期不会很长，一般也不会造成职业生涯中断，除非女性自己想退出职业生活。所以，尽管女性在整个职业生涯中都承担着工作和家庭的双重责任，需要付出比男性更多的辛勤劳动，但在倡导男女平等的社会环境中，这并不影响她们在工作中的职业角色。

2. 不稳定型模式

女性的不稳定型模式与男性的不稳定型模式相似，即在职业生涯中频繁地变换工作，在事业上长期处于波动之中。这种状态可能是由于生养子女造成的，也可能是由于自己的主观想法和社会变化造成的，是就业环境中的常见现象。

3. 短时型模式

这种模式主要表现为就业时间不长，不是贯穿整个职业生涯，而是在某一年龄阶段开始一段职业生活。比如，有的女性在结婚前参加工作，生育后则当全职太太；有的女性年轻时不工作，结婚生子，等到孩子长大以后再走出家庭从事职业工作。

这两种就业模式被统称为职业生涯的短时型模式。从人数上看，前一种人数较多，后一种人数较少。

4. 间歇型模式

这种模式主要表现为职业生活反复无常、时续时断。女性在家庭中的角色，增加了她们职业生活的不确定性。在这种情况下，很多女性根据自身的状况，选择何时参加工作、何时退出工作，即使多次进出职场也属正常。比如，有些女性在生育前进入职场，生育后辞掉工作照顾婴幼儿，几年以后重新回到职场。这种就业模式在美国、日本、法国、德国等发达国家非常常见。还有的女性在职业生涯的瓶颈期选择不同赛道或继续学习进修，为的是给生活增加一些变化并提升自己的个人能力。这种间歇型的职业生涯发展模式，在家庭条件较好的知识女性群体中较为流行。

（四）女性生涯发展模式的问题与建议

从上述 4 种女性职业生涯发展模式可以看出，女性的职业生活与男性相比更为复杂，婚姻状况以及家庭角色对女性的职业生涯状况影响较大。即使在男女平等的社会环境里，要取得同样的职级和报酬，女性要比男性付出更多，这是一个无法回避的现实问题。以升迁为例，女性在职业成长机会上比男性要少，她们在低水平的升迁上没有问题，但是当到达一个较高水准时，要继续前进就变得相当困难。

此外，在女性的职业生活中，还有男性很少遇到的性骚扰问题，这是职业女性不得不面对和解决的棘手难题。来自上司、同事、客户的性骚扰，不管以什么形式出现，都会给女性的工作及生活蒙上阴影，导致她们内心痛苦不堪，甚至会影响她们的职业生涯发展轨迹。

如何应对这个问题，一些专家给出建议。比如，明确地要求他走开。沉默不一定是金，有时候也可能是祸。如果女性对那些或明或暗的无礼要求毫不含糊地说“不”，对那些粗鲁的言语或行为坚决地予以制止，那么对在职场中保护自己很有帮助。

如果已经明确拒绝,但情况没有任何改变,那么女性可以考虑离开——哪怕非常喜欢现在的工作。或者向法院提起诉讼,但这通常很麻烦,需要女性提供相应的证据,并且找到处理过类似案件的律师。在提起诉讼之前,最好试着调查同事中是否有人曾受过这种骚扰,并且说服她们一起提起诉讼。如果诉讼是一个集体行为,有可能减少女性单独提起诉讼的巨大压力。当然,女性还要做好职业转换或自己创业的准备,避免陷入官司的泥潭。

第三节 生涯发展理论与阶段划分

一、生涯发展的相关理论

人的生涯发展是一个复杂的连续过程,为了帮助读者理解和分析生涯发展历程,下面介绍三种生涯发展理论。

(一)舒伯的生涯发展理论

在生涯发展理论的演变过程中,影响最大的首推舒伯(Super,1910—1994)。他一生都致力于生涯发展的理论和实践研究,是这一领域的"理论创建人"和"集大成者"。83 岁时,他还认为:"自己的生涯发展正处在一个不断创新的阶段,期待自己在专业领域居于尖端的位置,能引领风潮。"

纵观舒伯一生的研究,早期他综合了许多学者(Ginzberg,Ginsburg,Axelrad,and Herma,1951;Havighurst,1953;Hoppock,1935;Miller and Form,1951)

的研究成果,开启了生涯发展的问题研究。随着思想成熟和相关研究的启发,他又提出一个新观念:涉及生活广度、生活空间的生涯发展观(life-span,life-space career development),也就是著名的"生涯彩虹图"(life-career rainbow)(如图 1-1)理论。到了晚年,舒伯逐渐肯定自我概念的形成系个人对自我与情境的主动建构历程,让其理论长河的走向与社会建构论(social constructionism)自然地汇流在一起。最终,舒伯建构了一套完整的生涯发展理论,于 1990 年发表了 14 项基本理论假设和生涯发展的拱门模式。

生涯彩虹图理论实际上是把角色因素纳入生涯发展的不同阶段之中,以展示各种角色的相互作用与更替。

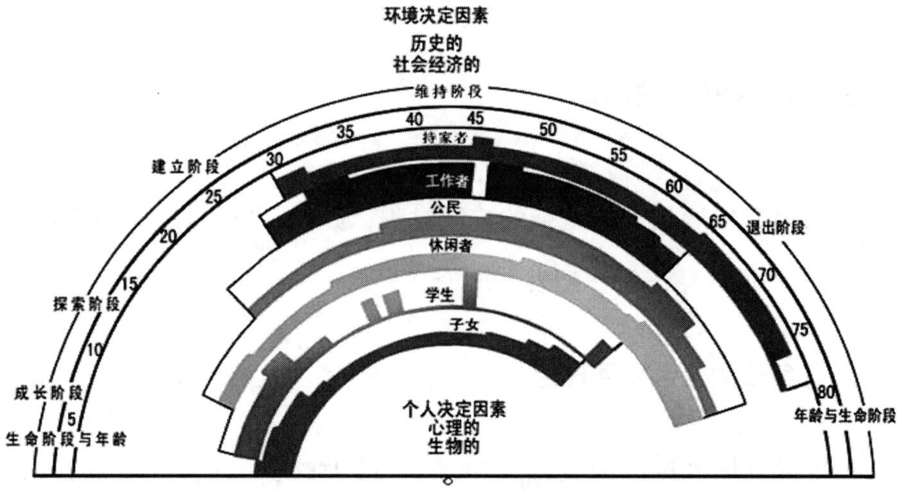

图 1-1　生涯彩虹图

在图 1-1 中,横向层面代表的是人一生的生命长度,彩虹的外层显示了生涯发展的各个阶段,当然各个阶段的划分有一定的弹性,各人有所不同;纵向层面代表的是生命空间,它由角色组成。舒伯认为,人的一生在不同阶段扮演着不同的角色,包括子女、学生、休闲者、公民、工作者、持家者等。这些角色先后出现或是相互重叠,不同角色的组合结构形成了个人独特的生涯类型。另外,角色之间还存在相互作用,某一角色的成功可能带动其他角色的成功,反之,某一角色失败也可能导致其他角色的失败。并且,如果为了一个角色的成功付出了太大的代价,也可能导致其他角色的失败。彩虹图中的阴影部分是一个人某种角色的相对重要性或显著程度,不同角色的阴影具有此消彼长的特性。在每一个发展阶段,都有一种角色可能最重要,这一角色便是这一阶段的“显著角色”。

这一理论对于考察人们各个生涯发展阶段的变化具有重要意义,但是它的线性化处理思路无法描述那些追求变化,追求独特工作、生活方式的个体。此外,由于20世纪90年代以来社会环境的急剧变化以及由此引发的工作环境的变化,逐渐使人们线性化的生涯历程变得曲折、波动和难以预见,因此有人认为舒伯的理论已经不再适用于当今社会了。不过在本书的作者看来,这些变化还不足以完全否定生涯彩虹图理论对于生涯历程的普遍解释力,其理论的魅力依然存在。

(二)生涯认知发展理论

心理学家克内菲尔坎姆(Knefelkamp)和斯列皮兹(Slipitza)从认知发展的角度出发,在综合他人研究成果的基础上,于20世纪70年代提出了生涯认知发展理论。这一理论认为,生涯在发展的过程中,会出现一连串的质变现象,概括起来有9项,它们从简单向复杂逐层推进,形成一个系列,见图1-2。[①]

① 沈之菲.生涯心理辅导[M].上海:上海人民出版社,2000:74.

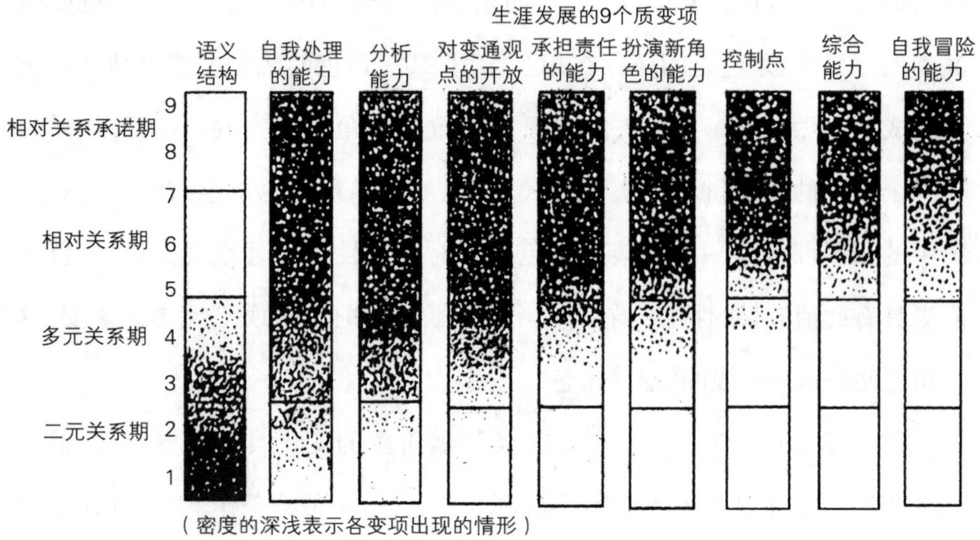

图 1-2　生涯认知发展理论

由图 1-2 可知，这 9 个质变项分别是：(1) 语义结构。人们的语言表达方式会从固定的语义结构转变为较有弹性和开放性的语义结构。(2) 自我处理的能力，指了解自我以及处理影响自我的因素的能力。(3) 分析能力，指个人从不同的角度分析问题的能力。(4) 对变通观点的开放，指能用开放的态度去了解并接纳与自身观点不相符的观点的能力。(5) 承担责任的能力，指愿意接受自己所做决定或行为的后果，而不计较一些未知或不可抗拒的阻碍因素。(6) 扮演新角色的能力。这是一种主动寻求扮演新角色的能力，是在新角色和环境中扩展个人能力的基础。(7) 控制点。个人对自己以及环境的解释由强调外在因素转为强调内在因素。(8) 综合能力。这是把事物中不同成分、特点整合在一起的能力。(9) 自我冒险的能力。由于对自我充满信心，当机会来临时，能够冒险涉入，而不担心自己是否会受到伤害。

基于上述 9 个质变项，生涯认知发展理论将生涯分为 4 个时期和 9 个阶段。历经这些时期和阶段，人们可以对自我及环境有更全面的认识，从而作出正确的生涯选择。

二元关系期。这是认知最简单的时期,处于这一时期的人的思想完全由外在环境所左右。他们相信正确的选择必须由父母、教师或其他什么人来决定。此时他们缺乏对各类信息的收集能力,也不太能够自主作出生涯决策。

多元关系期。这一时期人的认知内容趋于复杂,对于正确选择的可能性有了更多的认识。认知复杂程度提高,相应地,认知失调的压力也增加了,控制信念仍然倾向于外在因素。此时分析能力有所增强,可以整理出多元因素之间的因果关系。这一时期有一个重要的转变是:人们由重视结果转变为相信正确的前途选择必须基于正确的决定过程。人们也不再视权威的结论是完全正确的,开始注意到权威对其决定的过程是否有帮助。

相对关系期。这一时期个体会出现较大的明显的波动,外在因素对个人的影响力逐渐减退,个人内在的主宰能力逐渐增加。例如,个体的控制信念由外控发展到内控,认为生涯的成功或失败主要归因于自己,也就是决策的重心转移到自己。由于分析能力的增强,个体已经能够以较为客观的态度接纳及处理不同的信息,对于自己的生涯发展方向,也能够进一步分析有利与不利的因素,及其对未来角色的影响。在决定投身于某个行业的时候,能够综合考虑各种复杂的因素,对自己决定的结果负责。

相对关系承诺期。到了这一时期,个体能够分析在生涯决策过程中出现的各种复杂问题,并把不同的因素综合到自己的决策框架当中。个体会逐渐意识到,选择一种职业生涯类型,是个人对自我的一种承诺。也许刚开始时,个体会惧怕外在世界突然缩小的变化(因为作出选择相当于进入了一个相对狭小的领域),后来会发现这种选择其实拓展了一个新的领域。人们可以在这里找到自己的立足点,并且这一立足点把个人的需求、价值观和个性特征有效地结合在一起,使自我认同与生涯认同合二为一。在这一时期,个体会不断寻求新的方式、新的行动,积极地进行自我挑战和冒险,以挖掘自身的潜能。

认知发展理论描绘了一幅详细的生涯进程图,它不仅有助于个体掌握生涯决策的进程,也帮助个体认识到生涯发展实质上是在选择中发展,在发展中选择,选择本身就是发展的一部分,一次次选择构成生涯发展的一个个节点。

(三)施恩的圆锥体模型

美国生涯研究专家施恩(Schein)提出了从三个维度去考察人的生涯发展历程的理论模型,为深入理解和规划一个人在组织内部的生涯发展提供了简洁的思路。施恩指出,在一个组织中,人的生涯发展历程可以从三个维度去考察,分别是职能维度、等级维度和成员资格维度。职能维度用以描述人们跨越部门、工作或职业的运动,如图1-3中从A点向B点的运动,A、B分别是圆锥体表面的一个点,代表在组织内同一层次上的两个部门或岗位。职能维度的运动其实是一种水平方向的流动,没有层次或地位的上升。等级维度用以说明人们在同一职业内部层次上的运动,如图1-3中从B点向C点的运动,表明人们获得了"提升",达到了他们所属职业或组织中的更高层。成员资格维度用以描述成员向组织"核心"运动的趋势,如B点向O点的运动。一个人最初通常只是"试用者",尚未取得"正式成员"的资格,越过这一阶段便会取得正式成员的资格,然后逐渐接近组织的核心,甚至获得专门的特权和特殊种类的信息——组织"机密"。[①] 也就是说,核心成员是指那些靠近权力中心,掌握组织核心机密,任职于重要岗位的人。

① 施恩.职业的有效管理[M].仇海清,译.北京:生活·读书·新知三联书店,1992:36-41.

这一用于考察组织内个人生涯发展的三维模型很容易扩展为包括组织跨越在内的四维模型。当一个人由于某种原因脱离当前的组织而到另一个组织谋求发展时，一个新的维度便产生了。如图 1-3 所示，如果一个人在 B 点的职能区脱离当前的组织，即沿着底边做切面运动，便发生了组织跨越运动。

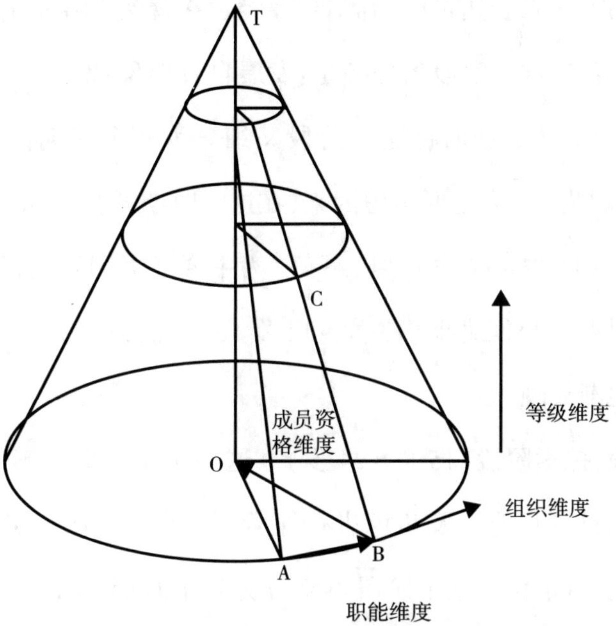

图 1-3 施恩的圆锥体模型

二、生涯发展的阶段划分及任务

个体的生涯发展历程是连续的，但也是分阶段的，每个阶段都有独特的任务和特征。下面列举部分学者提出的生涯发展阶段划分方法，以期从不同视角帮助我们理解个体的生涯发展历程。

(一)舒伯的生涯发展阶段论

舒伯将生涯发展阶段分为成长、探索、建立、维持、衰退五个阶段,每个阶段又各有次阶段,具体划分如下。

第一阶段:成长阶段(0岁~14岁)。这一阶段个体开始发展自我概念,以各种不同的方式来表达自己的需要,并经过在现实世界中的不断尝试,来修正自己的角色。这个阶段的任务是:发展自我形象;发展对工作的正确态度,了解工作的意义。舒伯将这一阶段又细分为三个时期:(1)幻想期(4岁~10岁),以"需要"为主要考虑因素,在这个时期,幻想中的角色扮演很重要;(2)兴趣期(11岁~12岁),以"喜好"为主要考虑因素,喜好是个体活动的重要影响因素;(3)能力期(13岁~14岁),以"能力"为主要考虑因素,能力的重要性逐渐显现。

第二阶段:探索阶段(15岁~24岁)。这一阶段的青少年通过家庭和学校的各种活动对自我能力及角色进行探索。这个阶段的任务是:使职业偏好逐渐具体化、特定化。这个阶段可细分为三个时期:(1)试探期(15岁~17岁),考虑需要、兴趣、能力以及机会,做暂时的决定,并在设想、课业中加以尝试;(2)过渡期(18岁~21岁),进入专业训练或就业市场,更重视现实,并力图实现自我概念,将一般性的选择转化为特定的选择;(3)试验并稍作承诺期(22岁~24岁),初步确定生涯模式并尝试让其成为长期生涯模式。

第三阶段:建立阶段(25岁~44岁)。经过上一个阶段的探索,个体在该阶段要确定整个生涯中属于自己的"位子",并在31岁~45岁考虑如何保住这个"位子"并固定下来。这个阶段的任务是:统整、稳固并求上进。这个阶段可细分为两个时期:(1)试验—承诺稳定期(25岁~30岁),个体寻求安定,也可能因生活或工作上的变动而尚未感到满意;(2)建立期(31岁~44岁),个体致力于保持工作的稳定性,大部分个体处于最具创意的时期,业绩优良。

第四阶段:维持阶段(45岁~65岁)。个体希望继续维持属于他的工作"位子",同时要面对新人的挑战。这个阶段的任务就是维持已有的成就和地位。

第五阶段:衰退阶段(65岁以后)。个体面对逐渐隐退的现实,这一阶段往往注重发展新的角色,寻求不同的生活方式以替代和满足需要。

舒伯的生涯阶段划分方案考虑周全。首先他把人的生涯历程划分为简单的五个阶段,为人们掌握生涯历程的基本轮廓提供了便利,同时对每个阶段做了进一步划分,使人们能够更为深入地了解生涯发展历程,从而完成这一阶段的主要任务,并为下一个阶段做好准备。"舒伯还特别指出,在生涯发展中,人们在每个阶段都要面对成长、探索、建立、维持、衰退的问题,因而这是循环发展的问题。"[①]它表明生涯发展的各个阶段事实上还嵌套着小循环,这一观点相当重要,它揭示了生涯发展中不为人所关注的又一规律。认识这一规律,有助于我们把生涯发展准备得更加充分。

不过,这一划分方案中的第一、第二和第三个阶段的时间节点选择仍值得商榷,把求学与就业初期划为一个时期也值得研讨。因为二者虽然都面临"探索"的任务,但求学和就业初期的其他任务是完全不同的。这一方案中,每个阶段的进一步划分也未必都是合理的。

(二)施恩的生涯发展阶段论(生物社会生命周期)

在所有的生涯发展阶段划分中,施恩的划分最复杂,他共作出九个阶段的具体划分(见表2-1)。[②]

① 沈之菲.生涯心理辅导[M].上海:上海人民出版社,2000:57-59.

② 施恩.职业的有效管理[M].仇海清,译.北京:生活·读书·新知三联书店,1992:42-47.

表 2-1　施恩生涯发展阶段划分和任务

阶段	角色	面临的广义问题	任务
成长、幻想、探索阶段(0岁~21岁)	学生、候选人、申请人	为进行职业选择打好基础； 将早年职业幻想转变为可操作的现实； 对基于社会经济水平和其他家庭情况造成的压力进行评估； 接受适当的考试或培训； 培养工作中需要的基本素养和技能	发现和发展自己的需要和兴趣； 发现和发展自己的能力和才干； 学习职业方面的知识，寻找现实的角色模式； 查找有关职业和工作角色的可靠的信息源； 寻找试验性的工作和兼职工作的机会，测试早期职业决策； 其他
进入工作世界(16岁~25岁)	应聘者、新学员	进入劳动力市场，谋取可能成为一种职业的基础工作； 达成一项正式可行的心理契约，保证个人和雇主的需要都能得到满足； 成为一个组织的成员——穿越第一个主要的包含边界	找一份工作，申请、通过一次面试； 学会如何评估一项工作或一个组织； 通过试用期； 作出第一份工作选择
基础培训(16岁~25岁)	实习生、新手	尽快成为一名有成效的工作者； 适应日常的操作程序；	克服缺乏经验带来的不安全感，发展一种信任感； 了解组织文化，尽量了解组织内情； 学会与第一个上司或培训者相处； 其他
早期生涯的正式成员资格(17岁~30岁)	新的正式成员	承担责任，成功地履行第一次被正式分配的工作； 发展和展示自己的技能和专长，为提升或进行其他领域的横向职业成长打好基础； 在自己的需要与组织的要求之间寻求平衡； 决定是否在这个组织或职业中继续干下去，或者在自己的需要和组织的要求之间寻求一种更好的平衡	有效地工作，学会如何处世，改善处世的方式； 承担部分责任； 接受附属状态，学会如何与上司和同事相处； 在有限的工作领域内发展进取心，提升工作的主动性； 寻求良师和保护人； 根据自己的才干和价值，以及组织中的机会和约束，重估当初决定从事的工作种类； 其他

续表

阶段	角色	面临的广义问题	任务
正式成员资格,生涯中期(25岁以上)	正式成员、任职者、主管	选择一项专业,成为一名多面手或者进入管理部门,思考如何成为一名专家; 保持技术竞争力,在自己选择的专业领域继续学习; 在组织中获得明确的认同; 承担较高水平的责任; 成为职场中的能手; 进行长期生涯规划	保持一定程度的独立; 发展自己的业绩,相信自己的决策; 慎重评估自己的动机、才干和价值,以此决定要达到的专业化程度; 慎重评估组织和职业机会,以此决定下一步有效行为; 淡化与良师的关系,准备成为他人的良师; 其他
生涯中期危机(35岁~45岁)	成熟的工作者	针对不得不换工作或迎接新的、更大的挑战的想法,重估自己的潜能; 就个人的梦想和希望,评估生涯抱负; 评估工作和职业在自己一生中的重要性; 适应自己成为他人良师的需要	开始意识到个人的生涯锚; 现实地评估个人生涯锚对前途的影响; 就接受现状或争取看得见的机会作出选择; 围绕具体选择,与家人达成新的共识; 建立与他人的良师关系
生涯后期:非领导者角色(40岁~退休)	有贡献的个人或管理部门的成员,有效贡献者或是碌碌无为者	成为一名良师,发挥影响作用,指导、指挥别人,对他人承担责任; 扩大兴趣和以经验为基础的技能; 如果决定追求一种技术职业或职能,要深化发展技能; 如果决定追求管理者身份,要担负更大的责任; 如果寻求安稳,就要接受影响力或挑战力的下降	保持技术上的竞争力,或者学会用经验智慧代替直接的技术能力; 发展人际关系或群体技能; 发展必要的监督和管理技能; 学会在一种政治环境中制定有效的决策; 应付年轻人的竞争和挑战; 应付中年危机和家庭问题; 为担任高级领导角色做准备

续表

阶段	角色	面临的广义问题	任务
穿越包含和等级边界			
生涯后期：领导角色（40岁~退休）	总经理、官员、高级合伙人、企业家、资深幕僚	为组织的长期利益发挥自己的才干和技能； 学会整合团队，而不是进行日常决策或是事必躬亲； 挑选和发展骨干成员； 开阔视野，从长计议，现实地评估组织在社会中的作用； 学会推销自己的观点	从主要关心自我，转而更多地为组织承担责任； 负责地管理组织机密和资源； 学会掌控高水平的政治局面； 学会在持续增长的职业责任与家庭需要之间谋求平衡； 学会行使权力，而不是软弱无力或意气用事
离开组织或职业			
退休		适应生活方式、角色和生活标准的急剧变化； 运用自己的经验和智慧，以各种资深的角色对他人进行传帮带	在失去工作职务或组织角色之后，保持一种认同感和自我肯定的价值观； 在某些活动中依然尽心尽力； 运用自己的经验和智慧； 回首过去，感到有所成就和满足

施恩的阶段划分有鲜明的特色：第一，阶段划分比较细，有助于我们进一步认识生涯历程；第二，各阶段划分有实证基础，更符合生涯历程的实际；第三，阶段划分富有弹性，适应性较强；第四，阶段划分注意到领导角色和非领导角色生涯历程的差异，增强了方案的实用性。不过，施恩的阶段划分也有局限性，比如过于精细，使用时有些复杂。

（三）格林豪斯的生涯发展阶段论

另一个被广为采用的生涯阶段划分方案是格林豪斯的五阶段论，具体划分如下。[①]

工作准备阶段(0 岁~18 岁)。这一阶段的主要任务是形成关于一个职业的印象;评估可供选择的职业;试探性地进行职业选择;接受未来职业所需要的教育或培训;掌握关于自己和工作世界的信息,评估与准备选择的职业领域所需要的智力、兴趣、价值观、生活类型、需求、机会和报酬等。

进入组织阶段:(18 岁~25 岁)。这一阶段的主要任务是在选定的职业领域选择一个工作和组织。这份工作要符合个体的价值观和能力水平。不幸的是,许多工作选择依据的是不完全或不现实的信息。

生涯初期(进入组织开始~40 岁)。由于已经选择了一个职业和初始工作,因此这一阶段的主要任务是在自己的生涯领域和所属组织中立足,不仅要掌握工作的技能,而且要懂得组织的准则、价值观和期望。生涯初期又可以分为两个阶段:建立期和成就期。建立期的主要任务是领会工作和组织的要求,并且成为组织的贡献者,而在成就期,个体应该努力向上攀升。

生涯中期(40 岁~ 55 岁)。这一时期有大量的任务,其中有两个更重要:一是正确面对中年生活的转变,评估业已取得的成就,重新检查工作在生活中的重要性;二是保持高产,面对可能出现的"生涯高原"现象和退化现象,学习新的技能,探索新的领域。

生涯后期(50 多岁~退休)。这一时期有两个重要任务:首先,个体作为组织中的贡献者要保持自我价值感和尊严;其次,为退休做好准备,调适心情,对退休生活作出适当安排。

格林豪斯的方案强调生涯探索的持续性,认为职业选择可以发生在生涯发展的多个阶段,而且人在一生中可能进行多次职业选择,这使得他的方案更接近实际,各阶段的任务也比较清晰。但这一方案的划分似乎有些粗

---

① JEFFREY H. Greenhaus Management[M]. Orlando: The Dryden Press,1987:86-91.

略,对退休后的生活也未予以足够重视。

(四)适合中国国情的划分

前面几个生涯发展阶段划分方法都是由国外学者提出来的,各有合理性,对人们进行生涯规划有一定的借鉴价值。但这些划分方法,特别是对时间节点的确定并不适合中国文化传统和社会现实。从文化传统来说,孔子对自己一生的阶段性划分因具有普遍的适用性而对后世产生了深远影响;从现实来看,中国高等教育的普及性不及美国,由此导致更多的中国人较早投入工作。另外,中国的法定退休年龄也比较早,因此中国人退出就业领域的时间也早于西方的许多国家。

为此,中国学者提出了一个更适合中国文化传统和社会现实的生涯发展阶段划分方案,这一方案把生涯历程划分为六个阶段。①

生涯准备阶段(0 岁~22 岁)。个体找到第一份工作、正式进入就业领域之前的时期称为准备阶段。处于这一阶段的年轻人,要接受各种形式的教育,特别是要完成中小学的基础教育,为未来一生的生涯发展做必要的准备。从发展趋势来看,生涯准备阶段因受教育时间的延长而延长。

生涯准备阶段除了接受教育,还包括各人长短不一的工作寻找期。年轻人在离开教育领域进入就业领域的过程中,要寻找既符合个人能力和兴趣,前景又比较光明的工作。大学生的工作寻找期与受教育期叠加,建议不必花费单独的时间寻找工作。劳动力市场的建立为处于这一阶段的年轻人提供了便利。

生涯探索阶段(23 岁~30 岁)。这一阶段是年轻人初入职场期。虽然是上一个阶段结束前的慎重选择,但谁也不能肯定这就是最佳选择。因此

① 马士斌.生涯管理——让辉煌事业伴随人的一生[M].北京:人民日报出版社,2001:29-31.

在这一阶段，年轻人的主要任务就是尽快找到自己的最佳贡献领域，即自己喜欢并能取得成就的职业——这就是自己的生涯锚，即有现实基础的职业自我观。在这个时期，年轻人希望调换不同工作（或岗位）的愿望十分强烈，如果在本组织中得不到满足，那些有高成就需要的员工——往往是最优秀的员工，就会跳槽到其他组织，通过变换就业组织来实现这种愿望，以寻找自己的生涯锚。

立业发展阶段（31岁~45岁）。研究表明，年轻人通过上一个阶段的尝试，会逐渐选定自己的职业，并找到自己的生涯锚，即中国人常所说的“立业”。一旦确认了自己的生涯锚，个体便从生涯探索阶段进入立业发展阶段。在此阶段，他们关心的不再是横向发展以寻找生涯锚，而是在选定的职业领域内的纵向发展，即沿着职业等级的维度向上攀升。他们的成就感和晋升感很强烈，而发展或晋升对他们的激励作用也最大。

生涯中期阶段（46岁~55岁）。如果在上一阶段能够快速上升，那么在这一阶段的人的生涯发展将处于巅峰状态。然而，与前一个时期相比，这一时期的人们发展速度明显下降，甚至有可能较长时间在原地踏步，出现所谓“生涯高原”现象，原因主要有两点：第一，个人潜力发掘殆尽；第二，组织上升空间缩小。虽然可以继续作出成绩，但他们已经不得不面对职业发展停滞的现实，对成就和发展的期望也开始减弱，而希望保持已经取得的地位和成就的愿望则大大增强。同时，他们希望更新自己的专业知识和技能，或学习和掌握其他领域的知识和技能，以便在经济萧条时期能够保住自己的地位，免遭裁员，或在被裁员时能够很快找到下一份工作。还有一部分人会尝试“生涯过渡”，主动转入一个新的领域，寻求新的发展。

生涯后期阶段（56岁~退休）。处于生涯后期阶段的人仍然是组织中的有效贡献者，但多数人会出现明显的效率下降。另外，处于这个阶段的人开始准备退休，希望为适应退休生活而学习或培养自己某些方面的爱好，如书法、绘画等，但他们发挥余热的愿望也十分强烈。

离开就业领域阶段（退休以后）。退休意味着离开就业领域，但事实上，在这个阶段的初期，大多数人仍然具有一定的劳动能力。他们中的部分人，尤其是高级技术人员、高级管理人员和掌握一技之长的技术工人，仍然保留着工作的热情，希望为社会和组织发挥一点余热。

第四节　中国古代的生涯发展思想

人生哲学是中华文化的核心和思想精髓，而生涯发展思想又是人生哲学的核心之一。相比西方的生涯发展研究，中国早在先秦时期就形成了丰富的人生哲学思想。从新生儿满周岁"抓周"的习俗，到"命学"和算命的盛行，以《周易》为发端，道家、儒家、释家等思想流派从不同的视角探讨了人生的价值、人与外界的关系、人的生存与发展等问题。

一、《周易》是生涯发展哲学思想的源头

《周易》是我国传统文化的重要经典之一，亦称《易经》，被誉为"群经之首，大道之源"。它以阴阳二元论为基础，对事物的运行规律加以论证和描述，将天地万物进行性状归类，甚至可以对事物的未来发展作出较为准确的预测。其核心理论是"天人合一，天人感应"。

在生涯发展思想方面，《周易》倡导"守正""中孚""和"。"守正"就是天地万物各有其位，每个人应该对自己有精准的定位；"中孚"就是对他人的

诚信要发自内心，强调以诚待人和信任的重要性；“和”就是与自然、与他人的关系要保持和谐顺畅，以和为贵，讲究平衡。此外，《周易》还强调人的主观能动性，认为人要把自己的命运牢牢地掌握在自己手里，要豁达地面对人生，努力追求自己的理想。

《周易》以人生必变、所变、不变的规律，阐明人生知变、应变、适变的法则，并以此指导人们的成长和进步，规范人们的行为。

二、先秦时期的职业价值观影响至今

在先秦，按社会分工不同，“民”被分为四类：士、农、工、商。这一分类最早出于《国语·齐语》之管子“四民分业定居”论。后来的儒家延续了这一分类思路，其典型的表述为“古者有四民，有士民，有商民，有农民，有工民”（《春秋谷梁传·成公元年》）。

与管子从经济角度提出“四民分业定居”论不同的是，儒家强调“四民”之等级划分，并拔高“士”这个知识阶层的特殊身份，倡导“学而优则仕”（《论语·子张》）的生涯发展思想，所以“士”的生涯选择首先是为官。又因为“士”可以“不耕而食，不织而衣”，且俸禄多寡与官职高低挂钩，所以，“学而优则仕”是许多古代读书人的人生理想。

与“士”相对，“农、工、商”这三个阶层被儒家称为“小人”。因为身份卑贱，阶层晋升渠道狭窄，所以他们主要考虑的是生活和生计。在《论语·里仁》篇中，子曰：“君子喻于义，小人喻于利”，说明孔子认为“农、工、商”的职业价值观特征是世俗功利的。

先秦时期形成的这种生涯发展思想影响至今，追名逐利、简单以职位高低和薪酬高低来进行职业选择的人并不在少数。

此外,抓周时“男则用弓矢笔墨,女则用刀尺针缕”,明显对男性与女性的生涯发展有不同的期待。“男主外、女主内”的传统角色职能,也根深蒂固地影响着当下两性的生涯发展。

三、儒家的生涯发展思想居于主导地位

在中国生涯发展思想史上,儒家最早对个体生涯历程进行了比较科学的阐述。如《礼记·曲礼上》记载“人生十年曰幼,学。二十曰弱,冠。三十曰壮,有室。四十曰强,而仕。五十曰艾,服官政。六十曰耆,指使。七十曰老,而传。八十、九十曰耄,七年曰悼”。又如《论语·为政》记载孔子所言“吾十有五而有志于学,三十而立,四十而不惑,五十而知天命,六十而耳顺,七十而从心所欲不逾矩”。这些都是儒家生涯发展阶段理论的论述,基本以10年一阶段来划分个体生涯的主要任务和心理变化过程。

儒家关于生涯发展的思想有两个方面。

(一)正名

“名不正,则言不顺;言不顺,则事不成;事不成,则礼乐不兴。”“正名”就是建立一种符合伦理道德的人际关系,可以从两个方面去理解:首先是独善其身,其次是修德以利大众。君子应从群体生活的人际关系中不断提高自己,使自己日益完善,成为兼济天下的圣人,也就是“修身、齐家、治国、平天下”。

(二)顺应天命

子曰:“吾十有五而志于学,三十而立,四十而不惑,五十而知天命,六十

而耳顺，七十而从心所欲不逾矩。”就是对人生过程深刻的阐释，是最早关于人生发展阶段的理论之一。

儒家非常注重对人生志趣的追求和探讨，对人生立志问题的认识极为深刻。《论语》中对“志”有多处论述，专谈立志问题的至少有十一章，如“士不可以不弘毅，任重而道远”（《论语·泰伯》）；还强调人要有高尚的情操，要严格要求自己，“见贤思齐焉，见不贤而内自省也”（《论语·里仁》），对生死应“无求生以害仁”（《论语·卫灵公》）；提倡顽强奋斗，不计较生活的好坏和环境的优劣，向着目标“知其不可而为之”《论语·宪问》。另外，“志于道”（《论语·述而》）、“博学而笃志”（《论语·子张》）等论述，也体现了积极的人生观。

孟子也主张积极入世的人生观。他认为，人只有在逆境中奋斗，才能具有强烈的进取精神，“故天将降大任于是人也，必先苦其心志，劳其筋骨，饿其体肤，空乏其身，行拂乱其所为，所以动心忍性，增益其所不能”。面对困境，孟子主张“君子不怨天，不尤人”“自任以天下之重”，以实现自我人生价值。

生活于复杂社会之中的个体要想使生涯发展顺利，必须知己知彼，再进行决策，开展行动。“知己”在儒家看来就是“自觉”，表现在以下十个方面：自省、自修、自新、自助、自强、自反、自得、自讼、自谦、自立。“知彼”则体现为人职匹配、谋职方法得当与工作适应等三个方面。在人职匹配方面，孔子提出“割鸡焉用牛刀”（《论语·阳货》）、“名不正则言不顺，言不顺则事不成”（《论语·子路》）。在谋职方法上，他强调“多闻阙疑，慎言其余，则寡尤；多见阙殆，慎行其余，则寡悔。言寡尤，行寡悔，禄在其中矣”（《论语·为政》）。在工作适应方面，孔子要求君子做到“温良恭俭让”（《论语·学而》），即待人接物方面要与人为善、安常守分。

四、道家的生涯发展思想备受推崇

孔子之后，一些儒者不愿卷入各种具体的纷争，与一些道家信徒和游士合流，选择贫居不仕、修身养性的生活方式，在中国古代生涯发展思想史上独树一帜。道家生涯发展思想的代表人物是庄子，他提出了生涯混沌发展模型，主要体现在“人生如梦”和“命运”两个方面。

“人生如梦”思想最早来源于道家。庄子把人生看作一场璀璨虚幻的梦境，把梦境看作一种现实的人生，从而消解了人生和梦境的界限。梦与人生的共同特征就是具有混沌性。庄子关于梦的描写在其思想体系中占有重要的地位，从生涯发展思想史的角度来看，对梦的讨论是道家针对儒家的生涯线性发展模型而提出的生涯混沌发展模型。

《庄子·齐物论》中说，“梦饮酒者，旦而哭泣；梦哭泣者，旦而田猎。方其梦也，不知其梦也。梦之中又占其梦焉，觉而后知其梦也。且有大觉而后知此其大梦也，而愚者自以为觉，窃窃然知之”。在此故事的基础上，庄子提出了著名的“蝶梦”说。庄子的说法进一步消解了醒与梦的界限，磨灭了人生与梦境的樊篱。庄子笔下的梦，并非要建构一个虚无缥缈的天堂乐园，而是他探索人生意义的一种途径。

“命”也是中国古代哲学的重要范畴。《说文》云“命，使也，从口从令”，段玉裁注为“命者天之令也”。“天”与“命”在中国古代常常结合为“天命”，用来表示上天的意志或命令。在老庄哲学中，“命”与“道”紧密相关。庄子认为道为世界的本原，道生天地，为“万物之所系，而一化之所待”（《庄子·大宗师》）。庄子从万物生成的角度对于“命”作了规定，认为“泰初有无，无有无名，一之所起，有一而未形，物得以生，谓之德；未形者有分，且然无间，谓之命”(《庄子·天地》)。因为“命”在万物未成形体之时就已经存在了,所以“命”是一种事物先天具有的属性,形成于混沌之中。

庄子认为,“命”是一种不可知的力量,具有绝对的必然性。在庄子看来,偶然也是必然。个体的生涯发展之所以千差万别,都是命运使然。人们的任何遭遇都是由一种与生俱来的必然性所决定的。正因为“命”具有绝对的必然性,所以“命”对于人是不可抗拒的。庄子要求人们面对生涯发展的一切变化、际遇都应当“安之若命”、顺其自然,达到这样的生涯发展境界就是回归到混沌状态。

道家经典《道德经》虽只有寥寥数千言,却深刻精辟。道家提出的“我命在我不在天”的主体性原则是从自我中找到人生的真谛。老子认为,人生面对的最大挑战不在于社会的混乱、失序,甚至也不在于人际关系的疏离,而在于人与自己的疏离。《道德经》第三十三章中说:“知人者智,自知者明。胜人者有力,自胜者强。知足者富,强行者有志。不失其所者久,死而不亡者寿。”老子认为,人不仅要知人、胜人,而且要自知、自胜。

道家的无为思想并不是无所作为,而是效法“道”顺应自然,不刻意做事,以平常心来对待所有的事情。“道”的本质是无,“道”的作为是无为,而无为的成果和功能却是有为。以“道”为基础的人生哲学要求人们善化心灵,约束心性,实现从无为到无所不为的飞跃,这对现代人排除功利思想而完善自我有借鉴作用。

五、释家的生涯发展思想值得借鉴

释家人生思想的核心是倡导人们通过日常生活的修行来认识自我、认识世界,最终使“真我”实现完全彻底的自在、圆融、无碍。

在人生态度方面,释家非常重视修行,重视“出世”和“入世”。释家“出世”是要人们远离社会现实,而“入世”则是要人们服务于社会,二者的结合就是以“出世”的精神做“入世”的事情。释家提倡的“自利利他,普度众生”“诸恶莫作,众善奉行”,回答了“如何做人”和“做一个什么样的人”的问题。

在人生价值方面,释家的主要思想围绕着人生是否有价值、如何看待人生价值、衡量人生的价值标准等展开。释家认为,人生是痛苦的,苦是人的命运,安于忍受世间的一切痛苦是每个人的义务,也是人的价值所在。在对待“苦”的问题上,释家提倡人要消灭欲望,要“慈悲为怀”“悲天悯人”,因此人生的意义在于修行。

在人生目的和人生理想方面,释家认为,人生目的是“超凡入圣”“普度众生”。释家从“人生是痛苦的”这一价值判断出发,主张个人出家修行,以便成佛,进入涅槃境界。“涅槃”是释家思想中最高的理想,到这个阶段也就真正断除了欲望,超越了生死。虽然释家人生理想中的有些内容不符合当下现实,但这种追求精神境界的思想和方法在生涯发展中还是有借鉴意义的。

六、中国古代生涯发展哲学思想对今人的启示

中国古代生涯发展哲学思想是东方文明的伟大成果,是先人留给后人的巨大精神财富,这些思想的核心都是人生价值观,终极关怀则是人的成长和发展。虽然其中提倡的关于人生价值的具体内容并不都是可取的,但关于奋发图强、树立远大理想、重视道德与人格修养、建功立业、奉献社会、轻物质追求而重精神境界的思想,却是符合社会发展主流的,值得我们继承和发扬。

在竞争日益激烈的社会环境下，职业发展教育和职业生涯规划越来越受到重视。但目前我们的职业指导过分依赖西方的理论和技术，性格测试、心理测评、职业测评等手段被盲目运用。更严重的是，很多时候我们将西方价值体系直接嫁接到我国，片面提倡自我发展，很容易导致自我膨胀，使职业发展教育脱离中国的文化背景，与构建和谐社会的愿景相背离。因此，我们要积极发掘中国古代生涯发展的智慧资源，古为今用、洋为中用、中西合璧。只有这样，才能构建更加符合中国人的生涯发展思想体系，从而保证生涯发展教育起到应有的积极作用。

第二章　生涯规划概述

第一节　什么是生涯规划

一、生涯规划的内涵

生涯规划又称职业生涯规划(career planning)或职业生涯管理(career management),是指个人与组织相结合,在对一个人职业生涯的主客观条件进行测定、分析、总结的基础上,对自己的兴趣、爱好、能力、特点进行综合分析与权衡,以时代趋势和特点为前提,依据自己的职业倾向、兴趣取向,确定最佳的职业奋斗目标,并为实现这一目标规划出长期且行之有效的安排。

随着全球经济和互联网技术的发展,人们生活的空间愈加广阔,生活节奏加快,生活环境变得越来越复杂,不确定事件的发生概率也越来越高。人们的生涯发展路径和方向愈加难以预测。在此情况下,另一种理论开始受到人们的重视，即生涯混沌理论。该理论认为全球化和信息化时代下有一种新的生涯形态，即开放的、弹性的、变化的、个人驱动的、自主的生涯。

经典的生涯心理学理论倾向于将生涯心理看作确定的、理性的、合乎逻辑的，而生涯混沌理论则认为生涯心理具有不确定性、复杂性、难以预测性，强调生涯心理的整体性和动态性，以及人们对生涯意义的追求。

每个人的生涯经历都有其自身的发展模式，都是有意义的。从时间来看，人们长期的生涯发展也许充满变数，但短期的选择还是可以通过对自身与社会的了解来确定的；从整体来看，生涯心理系统的复杂变化中隐含着不稳定与稳定、无序与有序、不确定与确定以及难以预测性与可预测性的统一。

二、生涯规划的作用

(一)现实的需要——提升就业能力

开展生涯规划，首先要认清自我、确立目标、找准定位，在多样的职业选择中提升自己的工作能力。行之有效的生涯规划第一要引导个体正确认识自身的个性特征、现有与潜在的资源优势，帮助个体进行价值定位并使其持续增值；第二要引导个体对比分析自己的优势和劣势，树立明确的职业发展目标与职业理想；第三要引导个体评估个人目标与现实之间的差距，进行实际与前瞻相结合的职业定位，搜索或发现新的有潜力的职业机会；第四要引导个体学会运用科学的方法，采取可行的步骤与措施，不断增强职业竞争力，实现职业目标与理想。

(二)生命的需要——实现人生意义

亚里士多德说过,人生的价值在于觉醒和思考的能力,而不只在于生存。一个人只有追求并为实现自己的目标而奋斗,他的人生才有意义。一个人只有了解自己的人生需求,才能确定自己的人生目标。有了目标,才会有健康向上的人生观。人们不仅有基础的生理需求,还有爱、归属、尊重等更高层次的需求,而后者的满足主要来自个体的社会化,因此高层次需求的实现是以正确的职业选择与发展为前提的。

第二节　生涯规划的基本步骤和原则

一、生涯规划的基本步骤

(一)自我评估

自我分析与定位是职业生涯规划的首要环节,它决定着个人职业生涯的方向,也决定着职业生涯规划的成败。大学生可通过自我分析与量表工具,评估自己的职业倾向、能力倾向和职业价值观,这是职业生涯规划的基础。一个有效的职业生涯规划必须在充分正确认识自身条件与相关环境的基础上进行。我们要审视自己、认识自己、了解自己,做好自我评估,包括自己的兴趣、特长、性格、学识、技能、智商、情商、思维方式等,具体包括以下几个方面。

1. 关注自身兴趣爱好

兴趣是一种对外界事物的好奇心。它使人对有趣的事物给予优先注意,并且带着积极的情绪和向往的心情不断进行探索。如果一个人对某种职业产生兴趣,就会迸发出强大的动力,推动他以极大的热情,向既定目标不断前进。

2. 分析自身性格特征

性格是人们在对现实的稳定态度和习惯化行为方式中表现出来的个性,一般可分为内向型和外向型两种。内向型的人与外向型的人在对外界事物的关心程度、表露自己的情感、与他人交往等方面表现出截然不同的特点。因此,这两种性格类型的人适合从事的职业也不同。

3. 了解自身气质类型

气质是人生来就有的典型的、稳定的心理活动的动力特征,一般分为多血质、黏液质、胆汁质和抑郁质四种。每种气质类型并没有好坏之分,它们各具特点。

4. 研究自身能力倾向

能力倾向指先天或者遗传的、不直接依靠专门学习训练就有的潜在能力趋势。它反映出个体在各种能力上的强弱,没有绝对的好坏之分。每个人往往都会具备与别人不同的能力特点,这种倾向性一般难以改变。从事一定的工作,必须具备相应的能力。

5. 清楚自身知识结构

知识结构是个人拥有的各种知识体系的构成情况。因此,个体进行职业选择时,必须清楚自身的知识结构和专业技能,然后选择进入相关行业,并不断优化知识结构，提高工作技能，以适应工作岗位的要求。

6. 明确自身价值取向

当代社会价值取向呈多元化发展态势，在进行职业生涯规划时，个体应明确自身价值取向，制定适合自己的职业发展路线，摆正就业、择业、创业的关系，既考虑经济收入，又考虑个人发展，努力使个人需要与社会需要相统一。

（二）确立目标

确立目标是制订职业生涯规划的关键。目标有短期目标、中期目标、长期目标和人生目标之分。短期目标一般而言比较具体，对人的影响更直接。中期目标一般是三五年之内达到的目标，是长期目标的组成部分。长期目标需要个人长期艰苦努力、不懈奋斗才有可能实现，因此，确立长期目标时，要立足现实、全面考虑，将现实性与前瞻性统一起来。人生目标是人生的指南针，是引领我们走向未来的灯塔，为我们的生活描绘出理想的蓝图。

（三）评估环境

职业生涯规划还要充分认识与了解相关的环境，评估环境因素对职业生涯发展的影响，分析环境条件特点、发展变化情况，把握环境因素的优势与限制，了解本专业、本行业的地位、形势以及发展趋势。

社会评估是规划职业生涯的外部依据，直接影响职业生涯设计的可行性。社会评估，即对社会环境进行客观全面的分析。只有充分认识与了解外部环境因素，分析其特点与变化、个体与环境之间的关系，才能在复杂的环境中趋利避害，使职业生涯设计具有可行性。

1. 深入认识家庭背景

家庭的社会地位、社会关系、经济状况以及家庭成员情况在一定程度上影响着个体的职业选择。由于各种影响因素对个体作用程度有所不同,不同家庭背景的个体的职业期望与职业选择也有明显不同。此外,家庭成员从事的职业及其发展状况,也会直接影响个体的职业选择。

2. 充分了解职业状况

随着知识经济的迅速发展,职业的变动信息也如潮水般每天层出不穷。因此,在形成明确的职业倾向、作出准确的职业选择前,我们必须充分了解就业市场上对应个体的职业情况,包括该职业市场上的需求情况、就业竞争程度、从事该职业的基本要求以及发展前景、收入状况等信息,然后分析该职业是否与个体的兴趣、个性、能力等相一致,能否发挥个体的某些潜质与天赋,能否满足个体对薪水、福利等的需要与价值追求。

3. 客观分析行业环境

一个行业的扩大或缩小,直接影响着该行业劳动力的吸纳数量、劳动力质量以及薪酬水平。在就业形势日益严峻的今天,分析行业状况,进一步了解该行业在国民经济中的地位、形势以及发展趋势,了解该行业的人才供给变化、平均工资状况等信息,对个体进行职业生涯规划具有重要指导意义。

(四)精准把握职业定位

职业定位就是把职业目标与自己的潜能以及主客观条件调整到最佳匹配的程度。良好的职业定位是以个体的才能、性格、兴趣、身处的环境等信息为依据的,职业定位过程中要考虑性格与职业的匹配、兴趣与职业的匹配、特长与职业的匹配、专业与职业的匹配等。职业定位应注意：依据客观现实，考虑个人与社会、单位的关系；比较职业的条件、要求、性质与自身条件的匹配情况，选择条件更合适、更有发展前途的职业；扬长避短、审时度势，根据情况的变化及时调整择业目标，不能固执己见。

（五）制定有效策略

制定实现职业生涯目标的行动方案，要有具体的行为措施。没有行动，职业目标只是一种空想。要制定周详的行动方案，更要注意有效落实这一行动方案。

（六）进行评估与反馈

职业生涯规划要在实践中去检验，应关注效果反馈，及时诊断生涯规划各个环节出现的问题，找出相应对策，对规划进行调整与完善。

二、生涯规划的原则

生涯规划既有稳定性，也有变化性，主要原则有以下几个方面。

可行性：规划要有事实根据，而非美好的幻想或不着边际的梦想，否则将会延误职业生涯规划的良机。

适时性：规划是预测未来的行动，确定将来的目标，因此各项活动何时实施、何时完成，在时间和顺序上应予以妥善安排，以作为检查行动的依据。

适应性：规划未来的职业生涯，涉及多种可变因素，因此规划应有一定的适应性。

持续性：人生每个发展阶段应连贯衔接，生涯规划应该具有持续性。

第三节 大学生生涯规划的常见误区

一、盲目“克隆”他人经验、缺乏志向

由于多数大学生缺乏找工作的经验,他们可能会借鉴同系、同专业高年级学生的经验,甚至还会照搬他人的职业生涯规划,并将此定为自己人生发展的目标。这种单从某一方面去“克隆”他人的职业规划和设计是非常片面的,而忽视自身的性格、智力水平、工作能力等与他人的差异,也是不明智的。

完善职业生涯规划教育,有助于大学生对自我进行正确的认识,克服从众心理。为此,学校要加大对大学生职业生涯规划教育的普及力度,培养专业的职业生涯规划教育指导人员。

二、对自己和社会环境认识不清

大学生常见的职业生涯规划误区就是对自身价值和社会状况评估不准确,不能找到自己的合适定位。能力,是一个人能否进入职场的先决条件、能否胜任工作的客观条件。无论从事什么职业,总要有一定的能力作保证。年轻人可通过自我分析与量表工具,评估自己的职业倾向、能力倾向和职业价值观,这是职业生涯规划的基础。

另外,评估社会环境时,我们要考虑到就业环境、家庭状况、现阶段的社会思潮与动向等,这些在我们的生涯评测中有着举足轻重的影响。马克思曾说,人是一切社会关系的总和。人不可能离开社会单独存活,每个人都是

社会这个有机整体中的一部分，因此在做生涯规划时，必须考虑到社会环境对个人的影响，避免逆风而行。在评估社会环境时，我们应将生存支点与发展支点结合考虑，或者将发展支点与兴趣支点结合考虑。一般来说，职业规划应该先从单一支点起步，随着知识、技能、经验等的积累，再逐步采用复合支点。复合支点越多，职业规划的难度也就越大。

三、目标不清

在生涯规划中，大学生很容易犯目标不清的错误。设立目标时，建议进行多支点的考虑，根据综合因素确定合适的支点。

如果立足兴趣支点来规划职业生涯，就会把快乐作为导向，薪酬、地位与荣誉似乎变得无关紧要。

如果立足生存支点来规划职业生涯，就会把薪酬作为导向。如果一直以生存支点来规划职业生涯，可能出现只重视现在不看将来的短视情况，难以获得事业上的成就感。

如果立足发展支点来规划职业生涯，就会把自身的进步作为导向。不过，这种职业修炼过程需要不断挑战自己的极限，不断鞭策自己前进，可能带来巨大的工作压力。

四、缺乏行动力、执行力

在生涯规划中，很多大学生将自己的情况分析得很准确，也能根据自己的实际情况确定合适的目标，但到最后还是不能得到理想的结果，原因就在于缺乏行动力、执行力。如果生涯规划只是在嘴上夸夸其谈，不能付诸实践，那么一切都是没有意义的。

PAPT 02

生涯探索篇 >>>

——知己知彼，百战不殆

第三章 全面认识自我

第一节 全面认识自我的重要性

大学生健康人格的塑造,需要社会、学校、家庭和大学生自身的共同努力,而健康人格的塑造,关键还在于大学生自身。

一、认识自己是生涯发展规划的基础

古人说:“知人者智,自知者明。”在现实生活中,正确认识自己,有助于我们明己之长、知己之短,确定符合自己实际的目标;有利于发掘自身潜能,不断提高自身素质,获得更大的发展空间,从而塑造一个崭新的自我。

所谓了解自己,就是了解自己的个性、能力、限制、兴趣、拥有的机会与资源、价值观等。人的一生,是一连串决定交织而成的过程,其重点在于自己如何选择。而关键就是所选择的事业必须与个体的个性、才能、体格和智

力相匹配。这一理想状态的实现与个体对自我的认知息息相关。

人的知识、才能通常处于离散、朦胧状态,需要人们不断地挖掘与开发。每个人都可以从兴趣爱好、思维方式、知识结构等方面对自己作出评价。自我评价是一个人对自己的身心状况、能力和特点,以及自己所处的地位、与他人及社会关系的认识和评价。实事求是地评价自己是进行自我教育、自我完善的重要途径之一。

自我认知是职业生涯规划的基础,在职业生涯中充分了解自己能更好地掌控自己的生活,从而实现职业成功。

二、认识自己有利于找到人生的终极使命和信仰

人活着的目的之一在于找到自己的信仰。人生的目的绝不只是“活着”,而是要完成使命和责任。一个有使命感的人,才能主宰自己的人生。

关于人生的目的与意义,各家均有见解。罗素说,“对爱情的渴望、对知识的追求、对人类苦难不可遏制的同情,这三种纯洁但无比强烈的激情支配着我的一生”;马克思认为人生的目的是追求人类的幸福和人们的自我完善;稻盛和夫认为“人活着的目的和意义是提高心性,修炼灵魂”,他说,“在生活中为欲望所迷失、困惑,这是人类这种动物的本性,如果放任自流的话,我们就会无止境地追求财产、地位、名誉,乐此不疲”。

从古人“修身、齐家、治国、平天下”的理想与“穷则独善其身、达则兼济天下”的信条以及“独乐乐不如众乐乐”的价值观来看,人生的目的有“小我”和“大我”之分。因为眼光、智慧以及个人抱负的不同,有的人终其一生只追求“小我”的快乐,而有的人则成就了“大我”。这与马克思的“人生的目的是追求人类的幸福(大我)和人们的自我完善(小我)”不谋而合。

认识自我是必需的,它能使人树立一种精神理想和追求,找到人生的目的和使命。人生使命反映了一个人存在的理由和价值(人生意义/人生价值)。奥地利作家茨威格说:“一个人生命中的最大幸运,莫过于在他的人生中途,即在他年富力强时,发现了自己人生的使命。”只有找到属于自己的人生使命,才能主宰自己的人生。

三、认识自己可以发现不足、扬长避短

金无足赤,人无完人。人贵有自知之明,只有认识到自己生涯发展的局限性,才能扬长避短,从而找到人生方向。

马克思说:“自由的首要条件是自我认识。”歌德写道:“谁要是游戏人生,那他就将一事无成,不能主宰自己,永远是一个奴隶。”可见自知的重要性。认清自己,对自己有一个准确的定位,能够规避自己的短处,发扬自己的长处,在保持自我的同时认清自我。

正确地认识自己的能力,对自己的能力有清晰客观的评估,不断地挖掘自己的潜能,有助于找到人生的方向和路径。

我们在对自己能力的认知上常常会出现两种误区。一种是过高地评价自己,好高骛远、眼高手低,随之而来的是要求他人以我为中心,在达不到自己的要求时便怨天尤人,苛责别人而不反省自己。另一种是过低地评价自己,认为社会复杂,人心险恶,自己能力有限,过得浑浑噩噩。这两种认知都不可取,我们要对自己进行正确的认知,首先要明确认识自我的过程是漫长的探索过程,需要自我判断、自我评价。评价应该全面、准确、客观。其次,在别人评价自己和自己评价别人的过程中,不断比较,以便科学地、正确地评价自己。

四、认识自己可以发展出理想的人格

苏格拉底的墓志铭是："人啊，认识你自己。"其实对于自己，我们并不了解。古语有云：当局者迷，旁观者清。在别人给我们的回馈中，我们可以验证别人对自己的看法，增进自我的觉知，这就是心理学家提出的"周哈里窗理论"。该理论介绍了自我坦露和回馈经验之间的关系，它可以帮助我们认识自己，也可以让别人了解自己。它把人的内在分成四个部分：开放我、盲目我、隐藏我和未知我（如图3-1）。

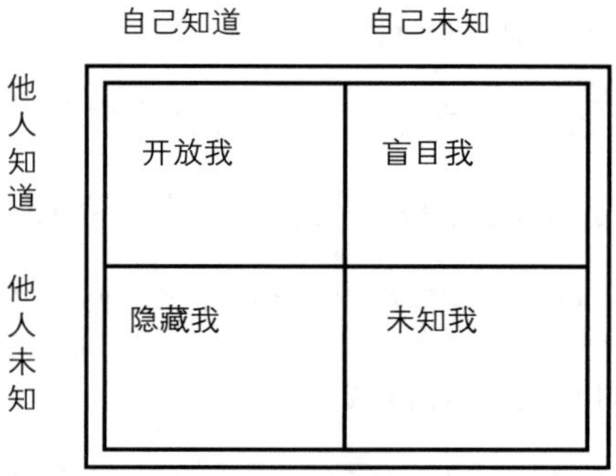

图3-1　周哈里窗

左上角那一扇窗称为"开放我"，也称"公众我"，属于自由活动领域。这是自己清楚、别人也知道的部分。"开放我"的大小取决于自我心灵开放的程度、个性张扬的力度、人际交往的广度、他人的关注度、开放信息的利害关系等因素。"开放我"是自我最基本的信息，也是了解自我、评价自我的基本依据。

右上角那一扇窗称为"盲目我"，也称"背脊我"，属于盲目领域。这是自己不知道而别人知道的部分。盲目点可以是一个人的优点或缺点。因为事先不知、不觉，所以当别人告诉自己时，或惊讶、或怀疑、或辩解，特别是听到与自己初衷或想法不相符合的情况时更是如此。“盲目我”的大小与自我观察、自我反省的能力有关,通常内省特质比较强的人,盲目点比较少。

左下角那一扇窗称为“隐藏我”,也称“隐私我”,属于逃避或隐藏领域。这是自己知道而别人不知道的部分,与“盲目我”正好相反。身份、缺点、往事、疾患、痛苦、窃喜、愧疚、尴尬、欲望、意念等都可能成为“隐藏我”的内容。相比较而言,心理承受能力强的人、隐忍的人、自闭的人、自卑的人、胆怯的人、虚荣的人,“隐藏我”会更多一些。适度的内敛和自我隐藏,给自我保留一个私密的心灵空间,避开外界的干扰,是正常的心理需要。没有任何隐私的人,就像住在透明的房间里,缺乏自在感与安全感。

右下角那一扇窗称为“未知我”,也称“潜在我”,这是自己和别人都不知道的部分,有待挖掘和发现。通常是指一些潜在能力或特性,比如一个人经过训练或学习后,可能获得的知识与技能,或者在特定的领域里展示出来的才干,就像弗洛伊德所说的潜意识,仿佛隐藏在海水下的冰山,力量巨大却又容易被忽视。对未知我进行探索和开发,能更全面而深入地认识自我、激励自我、发展自我、超越自我。勇于自我探索者,更善于开发“未知我”。

只有对自我有明确的认识、判断,我们才能真正独立于他人而发挥作用,开启真正的人生。人类也正是在自我认识中,发现自我的潜能,从而实现自我、超越自我。

第二节 自我与自我概念

一、自我的含义

自我,心理学中又称自我意识,主要是指个体对自己存在状态的认知,是个体对其社会角色进行自我评价的结果。在过去的经验中,我们觉察到自己的一切就是自我意识。这里所说的"自己的一切"指我们的躯体、我们的生理与心理活动。综观自我概念的心理学研究,个体既可以以主体"我"的身份去认识和改造客观事物,此时的"我"处于观察地位,又可以以客体"我"的身份被认识、被改造,此时的"我"处于被观察地位。可见,每个人都是主体"我"(主我)和客体"我"(客我)的统一体。下面简要介绍几种具有代表性的关于自我的学说。

(一)詹姆斯的"经验自我"和"纯粹自我"

詹姆斯(William James,1842—1910),美国心理学家、实用主义哲学家。他是"自我"概念的创始人,在著作《心理学原理》《彻底的经验主义》中,他对"自我"概念进行了详尽的阐述。詹姆斯认为"自我是个体所拥有的身体、特质、能力、抱负、家庭、工作、财产、朋友等的总和",他把自我分为经验自我和纯粹自我。

"经验自我"指人们与世界的其他对象共存的感受。詹姆斯认为:"每个人的经验自我,就是他试图用'我'来称呼的一切。"詹姆斯认为"我"与"我的"很难区分。他反对将"从属于我的"东西与"真正的我"区别开,认为自我与世界之间没有明显的界限,"我"的身体、服饰、妻子儿女及财产都是自我本身的各种关系,参与了自我的构成。经验自我又分为物质自我(material self)、社会自我(social self)和精神自我(spiritual self)三种,社会自我高于物质自我,精神自我又高于社会自我。詹姆斯认为物质自我的核心是身体,因为人总是通过身体与周围的事物发生关系,并依据身体提出各种需求;社会自我指一个人"从他人那里得到的承认",即他在别人心目中的形象,特殊的社会自我是其恋人的态度;精神自我意味着一个人内心的或主观的存在,具体地说，指人的心理或性情。

“纯粹自我”指一个人知晓一切东西，包括自我的那些东西，所以又称为能动自我或主动自我。詹姆斯在论述纯粹自我时，是以“个人同一性”（personal identity）理论为依据的。个人同一性就是“现在的自我与想起的那些过去的自我相同”。詹姆斯把作为对象的个人称为“经验自我”（me），把当下思想看成“纯粹自我”（I）。他认为纯粹自我是兴奋的中心，接受不同情绪的震荡；它是努力和意志的来源，意志似乎从此发出命令。

（二）弗洛伊德的“本我”“自我”和“超我”

精神分析学派创始人弗洛伊德在他的心理学理论中阐述了自我概念。弗洛伊德认为，人格由“本我”“自我”“超我”组成。

“本我”是人的本能，在社会生活中表现出追求各种个人欲望的满足和个人利益的实现。本我是人的生物性本能，只知快乐，活动盲目。“超我”是人内化的社会道德原则，来自社会文化，是个体在成长经历中内化为自身价值观念的种种文化信念，以道德、信仰为主要内容。这些社会文化与道德观念对个体的要求，往往以牺牲个人服从整体为主，甚至要求个体行为完全道德化，因而与“本我”相对立。“自我”是人的理性部分，处于社会生活的现实要求、“超我”的道德追求与“本我”的利益追求之间，按照现实原则协调矛盾，尽可能地寻找权宜之计，是个体最终行为表现的“决策者”，时而管理“本我”，时而服从“超我”。只有“自我”知道活动的目的和方向。

（三）罗杰斯的“自我”论

罗杰斯认为“自我”概念是个人现象场中与个人自身有关的内容，是个人自我知觉的组织系统和看待自身的方式。罗杰斯继承了詹姆斯的观点，认为“自我”包括主格“我”(I)和宾格“我”(me)两个方面。他认为宾格“我”是自我意识的对象,同时也是自我意识的本体,它是通过接受别人(社会)对自我的有意识的态度系统而形成的;主格“我”是自我的动力部分,虽然它在宾格“我”的框架范围内活动,但它具有面向未来的特征,可能超出现有的宾格“我”的框架,使人的行为具有自由性、创造性和新异性。

罗杰斯还根据临床实验,提出了与“现实自我”(real self)相对应的“理想自我”(ideal self)概念。理想自我代表个体希望拥有的自我概念,包括潜在的与自我有关的,且被他人高度评价的感知。而现实自我包括对自己存在的感知、对自己意识流的感知。人们通过对自己体验的无偏见的反映,可以认识现实自我。罗杰斯认为自我的认知、情感、意识和潜意识都十分重要。他既强调自我一致性的需要,又强调正面关注自我的需要。

二、自我概念

(一)自我概念的五个维度

自我概念是自己对自己的看法,是对自我、对“我是谁”的一系列描述。美国心理治疗专家费池总结了五种自我概念的基本维度:生理自我、道德伦理自我、心理自我、家庭自我、社会自我。

生理自我(physical self),简称“生理我”,是指一个人对自己的身体状况、外貌、技能等方面的感受。“生理我”是非常基本的一种自我概念,它对个人的适应能力与未来发展都有深远的影响。

道德伦理自我(moral-ethical self),简称“道德我”,是指一个人对自己的道德价值、人生观的看法。形成一个健康的“道德我”,是提高生活适应能力的关键。需要指出的是,建立一个良好的“道德我”观念,要使观念和行动相符合,积极提升自己的道德认知层次,常做价值分化与价值判断弹性训练,并反馈在自己身上。

心理自我(personal self),简称“心理我”,是指一个人对个人价值与能力的评价。在日常生活中,通过各种成功与失败的经验,人们会逐渐对自己的能力、技术有一个基本的认知。从职业发展的角度来看,拥有一个良好的“心理我”是相当重要的,因为许多实验特别是设定目标的实验显示:个人对自我能力的评估会影响他所设定的目标,进而导致截然不同的表现。

俗语说,求其上者得其中,求其中者得其下,求其下者无所得。因此,我们在设定目标的时候,应尽量将目标定得高些。

家庭自我(family self),简称“家庭我”,是指一个人对于自己的成长感受与作为家中成员的价值感和幸福感。心理学家指出,早期的成长经验对于个人以后的行为发展具有重大的影响。

例如,艾里克森曾提出“社会心理发展阶段”理论,认为5岁以前的家庭经验,会影响人们对他人是信任还是怀疑,是勇敢热情还是害羞胆怯。在这种互动过程中,人们形成了一定的“家庭我”。

“家庭我”不佳的人常对家人采取一种疏离、回避的态度,最终使自己在工作和生活中郁郁寡欢,必须独立去面对许多不幸的事件与巨大的压力。这往往对人的职业发展极其不利。

一个具有良好“家庭我”的人,其安全感、自信心、抗压能力都比较高,对环境、对他人通常也会采取一种正面积极的态度,进而在许多挑战或打击中能够坚定不移,对前途充满期望。

社会自我(social self),简称“社会我”,是指一个人在与他人交往过程中对自己的能力、价值的一种看法。“社会我”会影响一个人的人际关系的发展,这种发展结果也会反过来影响一个人的“社会我”,于是形成良性循环或恶性循环。

从以上对自我五个层面的分析,我们可以清楚地认识到"自我"的来源是多方面的,而自我概念的形成与发展也并非一成不变的。随着生活经验年龄的增长,以及教育经历、社会地位、文化背景的变化,自我概念也会不断演变。

(二)正确认识自我

自我是由多种因素构成的,生活中的方方面面、成长中的点点滴滴都可能成为自我的来源。来源的多样性、复杂性、变化性决定了自我的两面性,即积极方面与消极方面。

正确的自我认识有利于身心的健康发展。而错误的自我认识不仅会对生活造成负面影响,也会直接影响生涯决策的进行,最终导致理想目标无法实现。

自卑封闭、妄自尊大和茫然无措,都是对自己的错误认识。自卑封闭让人变得唯唯诺诺、谨小慎微;妄自尊大让人变得狂妄自傲、目空一切,最终变得无知且愚蠢;茫然无措让人变得消沉颓废,极有可能陷入自责悔恨的泥潭中不能自拔。这些对于自我的偏差认识很有可能影响人生道路的选择。

人的自我是可塑的,并且越往后发展,越能意识到自己的可塑性。因此,人认识自我,不仅要认识自己作为人是何以存在、以何存在以及如何存在的,而且要探索自己在未来的发展中,应当是一种什么样的存在和应当怎样存在。通过这种探索,进行自我塑造,以便使自己更好地生存下去。人的自我认识并不单纯是关于自己过去和现实情况的反思,而是要通过这种反思启迪未来的探索,又以这种未来的探索影响现实的存在,使之趋向于新的应有的存在。因此,人的自我认识不仅是事后的,而且是超前的,并且本质上具有一种实践性。

全面认识自己,既要认识自己的外在形象,如外貌、衣着、举止、谈吐,又要认识自己的内在素质,如学识、心理、道德、能力等。一个人的美应是外在的美与内在的美的和谐统一,内在的美对外在的美起促进作用。全面认识自己,既要看到自己的优点和长处,又要看到自己的缺点和不足。

事物总是发展变化的,没有一成不变的事物。俗话说"士别三日,当刮目相看",每个人也都是在不断发展变化的。因此,我们必须用发展的眼光看自己,通过自己的努力,不断完善、提高自己。

三、自我实现的关键要素

(一)知识

学习科学文化知识、增长智慧的过程也是塑造和优化人格的过程。丰富的知识使人自信、坚强、谦和、大度等。

在新时代,大学生不单单要学习书本上的知识,也要面向社会,勇于实践。具有创新精神和实践能力是对当代大学生的素质要求,也是健康人格的重要组成部分。社会是一个大舞台,每个人都必须接受社会生活的锻炼,把握自己的角色,形成自己独特的人格。可以说,社会实践活动是大学生人格塑造的重要途径。

(二)性格、特质

布里格斯(Katherine Cook Briggs)和她的心理学家女儿迈尔斯(Isabel

Briggs Myers)基于瑞士著名心理分析学家荣格(Carl G. Jung)的心理类型理论和她们对于人类性格差异的长期观察与研究,制定出一种人格类型理论模型——迈尔斯-布里格斯类型指标(MBTI)。如今,MBTI 已经成为全球著名和权威的性格测试,老师利用它提高授课效率,学生利用它提高学习效率,青年人利用它选择职业,组织利用它改善人际关系、团队沟通、组织建设,夫妻利用它增进感情……

MBTI 显示了人与人之间的差异,这些差异产生于:

——人们把注意力集中在何处,从哪里获得动力(外向、内向)

——人们获取信息的方式(实感、直觉)

——人们做决定的方法(思维、情感)

——人们对外在世界如何认知,以及认知的过程或判断的过程(判断、知觉)

用字母代表如下:

(1)精力支配:外向 E、内向 I;

(2)认识世界:实感 S、直觉 N;

(3)判断事物:思维 T、情感 F;

(4)生活态度:判断 J、知觉 P。

其中两两组合,可以组成 16 种人格类型。

IBM 公司是成功运用 MBTI 工具的公司之一。IBM 公司准备在印度市场拓展业务,由于对印度缺乏了解,存在一定的文化偏见,公司没人愿意前往。于是 IBM 相关部门运用 MBTI 工具对候选人进行了性格类型的针对性研究,“一把钥匙开一把锁”,对于 IFSE(内向情感带外向实感)型的人,采用情绪渲染的手段,说明在印度工作不仅有自我发挥的巨大空间,还可以领略印度灿烂的古代文明,是一种难得的人生体验;而针对 ETNI(外向思维带内向直觉)型的人,就用晋升、加薪和新工作富于挑战性可提升自身能力等手段进行游说,最终顺利说服一批员工去印度公司工作。

(三)能力、潜能

在认识自我的过程中,我们也要认识到自身的局限性和无限性,了解能力的构成,不断开发潜能。

在这方面,自我效能理论能给我们一些启示。自我效能理论在生涯领域方面提出了生涯自我效能理论,该理论指出个体对自身生涯相关能力的评判和认知,具有动机性的作用。在生涯自我效能理论中,有三个相互影响的核心变量,即结果预期、个人目标与自我效能。其中,结果预期是指个人的特定行为会导致特定结果的信念;个人目标是个人的特定活动期望达到一定结果的意图;自我效能是指人对自己能否成功的主观判断,对特定职业的自我效能与结果预期会影响个体对该职业的兴趣。如果人们认为自己有能力从事某种职业,或者预期从事该职业会带来满意的结果,将会形成对该职业的兴趣。职业兴趣又可以与自我效能和结果预期一起,影响个体对目标的选择。为达到目标,个体将展开积极的行动,提升工作绩效。工作绩效作为一种反馈信息,又会对个体自我效能和结果预期产生影响,由此形成一个动态的反馈循环。

(四)职业锚

所谓职业锚,又称职业系留点,就是人们选择和发展自己的职业时围绕的中心,是一个人无论如何都不会放弃的职业中的那种至关重要的东西或价值观,是自我意向的一个习得部分。职业锚强调个人能力、动机和价值观三方面的相互作用与整合。职业锚是个人同工作环境互相作用的产物,在实际工作中需要不断调整。

职业锚理论来自美国著名职业指导专家施恩(Schein)教授带领的研究小组。该小组进行了长达12年的职业生涯研究,使用了面谈、跟踪调查、公司调查、人才测评、问卷等多种方式,最终分析总结出职业锚理论。

在不断的演绎中,职业锚逐渐发展出以下8种类型。

技术/职能型(Technical Functional Competence):技术/职能型的人追求技术/职能领域的成长和技能的不断提高,以及应用这种技术/职能的机会。他们对自己的认可来自专业水平的提高,喜欢面对来自专业领域的挑战。他们不喜欢从事一般的管理工作,因为这意味着他们要放弃在技术/职能领域的发展。

管理型(General Managerial Competence):管理型的人追求并致力于工作晋升。他们想承担整个部门或公司的责任,并将公司的成功与否看成自己的工作。具体的技术/职能工作仅仅被他们看作通向更高、更全面管理层的必经之路。

自主/独立型(Autonomy Independence):自主/独立型的人希望根据自己的节奏安排工作,包括工作方式、工作习惯和工作目标等。他们追求能施展个人能力的工作环境,想摆脱组织的限制和制约,宁愿放弃职位提升或拓展业务的机会,也不愿意放弃自由与独立。

安全/稳定型(Security Stability):安全/稳定型的人追求工作中的安全与稳定感。他们关心财务安全,例如退休金和退休计划。稳定感包括信守承诺、忠诚,以及完成上司交代的工作等。尽管他们可以获得更高的职位,但他们并不关心具体的职位和工作内容。

创造型(Entrepreneurial Creativity):创造型的人希望用自己的能力去创建属于自己的公司或完全属于自己的产品(服务),而且愿意冒风险,并克服各种障碍。他们可能正在别人的公司工作，但同时他们也在学习并创造机会。一旦他们感觉时机到了，便会走出去创建自己的事业。

服务型（Service Dedication to a Cause）：服务型的人一直追求他们认可的核心价值。例如，帮助他人、改善人们的工作条件，等等。他们一直追寻这种机会，即使变换公司，他们也会积极为他人服务。

挑战型（Pure Challenge）：挑战型的人喜欢解决看上去无法解决的问题、战胜强大的对手、克服巨大的困难和障碍等。对他们而言，参加工作的原因是工作允许他们去挑战各种不可能。变化和困难对他们来说不算难事。如果事情非常容易，反而会让他们感到厌烦。

生活型（Lifestyle）：生活型的人希望平衡个人的需要、家庭的需要和职业的需要之间的关系，正因为如此，他们需要一个能够提供足够的弹性让他们实现这一目标的职业环境，甚至可以为此牺牲一些东西，如升职、拓展业务的机会等。他们认为自己如何生活、在哪里居住、如何处理工作，以及在组织中的发展道路是与众不同的。

经过数十年的发展，职业锚已成为许多人进行职业生涯规划的必选工具和公司进行人力资源管理的重要工具。

个人在进行职业规划和定位时，可以运用职业锚分析自己的能力，确定自己的发展方向，审视自己的价值观是否与当前的工作相匹配。只有个人定位与从事的职业相匹配，才能在工作中发挥自己的长处，实现自己的价值。尝试各种具有挑战性的工作，在不同的专业和领域中进行轮换，对自己的资质、能力、爱好进行客观的评价，是使个人的职业锚具体化的有效途径。

（五）团体心理辅导

团体心理辅导是指运用团体动力学的知识和技能，由受过专业训练的团体领导者，通过专业的技巧和方法，帮助团体成员获得有关的信息，以建立正确认知观念与良好态度和行为的专业工作。

团体心理辅导是在团体情境下进行的一种心理辅导形式，通过团体内人际交互发挥作用，使成员探讨自我，学习新的行为方式，改善人际关系，解决生活中的问题。许多人在参与团体心理辅导的过程中能够得到成长或改善。不过，如果误用、滥用团体心理辅导，不仅会使成员蒙受伤害，学习错误的行为，加深其自卑感和挫败感，而且会破坏团体的和谐。因此，从事团体心理辅导的人必须不断充实自己的专业知识，掌握团体辅导的技巧，了解团体发展的过程，以便有效组织团体活动，协助成员真正解决问题。

团体心理辅导的功能与目标有三个层次：预防、发展和矫治。其中，预防和发展重于矫治。也就是说，不能仅在成员出现心理问题时才进行心理辅导，而是通过辅导，一方面帮助成员掌握有关知识，学会用有效的、合理的方式满足自己的需要，提高人际交往水平，学习自主应付由挫折、冲突、压力、焦虑等带来的种种心理困扰，减轻痛苦、不适的感觉，防止心理疾病的产生，保持正常的工作和生活；另一方面帮助成员树立有价值的目标，承担生活的责任，发挥个人的潜能，度过健康快乐的生活。

在团体心理辅导中，心理师和成员的地位是平等的，心理师要允许和鼓励成员发表不同的观点、看法，重视成员的意见，移情理解成员、尊重成员，不能居高临下地训斥成员，更不能讽刺、嘲弄成员，要无条件地关怀和接纳成员，让成员感受到心理师对他们的理解、尊重和接纳，从而降低心理上的防范，对自己的内心世界作出更自由、深入的探索。

第三节 如何认识自我

一、通过标准化的测验和问卷了解自我(定量法)

为了能更好地认识自我,心理学家尝试用一些测评工具和量表,借助一些客观的数据分析,量化个体的性向、兴趣、人格等。

(一)九型人格测试

现在较成熟的人格测试是九型人格测试,测试中的问题答案没有好坏之分、没有正误之分,它仅仅反映个体的个性特征和世界观。

九型人格测试将人分为 9 种类型,具体如下。

1 号人格——完美主义者

内心的正确标准变成严格的自我要求,不断产生自责的思想;有一种强迫性需要,只接受正确的事情。

2 号人格——给予者

争取得到他人的支持,避免被他人反对;对自己的重要性感到骄傲——“他们没有我不行”。

3 号人格——实干者

看重自己的表现和成就,讲究效率,喜欢竞争,极力避免失败。

4 号人格——悲情浪漫者

觉得有些东西在生活中遗失了,而别人又恰好拥有自己遗失的东西;被遥不可及的事物深深吸引。

5号人格——观察者

讲求私密性；希望保持不被干涉的状态；感到威胁时，第一想法是撤退；害怕被关注。

6号人格——怀疑论者

总是拖延行动；用思想代替行动；工作无法善始善终；忘记对成功和快乐的追求；对权威的态度极端：要么顺从，要么反抗。

7号人格——享乐主义者

需要保持高度的兴奋状态；可以同时参与多项活动，对很多事情都感兴趣。

8号人格——保护者

希望控制个人的占有物和空间，控制那些可能影响自己生活的人；具有进攻性；公开表达自己的愤怒；关注正义，喜欢保护他人。

9号人格——调停者

对待事情的态度模棱两可；最重要的事情往往被留在一天的最后时刻；难以作出决定——“我是同意，还是不同意？”

（二）霍兰德职业兴趣测试

霍兰德职业兴趣测试由美国著名职业指导专家霍兰德编制，主要用于观察被测试者的职业兴趣倾向，进而用于指导他们选择适合自己的专业发展方向和职业发展方向。霍兰德以职业兴趣理论为基础，先后编制了职业偏好量表和自我导向搜寻表两种职业兴趣量表。兴趣测试和能力测试的结合在职业指导和职业咨询中起到了促进作用。霍兰德认为兴趣是人们活动的巨大动力，能够提高人们的积极性，促使其积极地、愉快地从事该职业，并有助于人们在该职业上取得成功。基于此，霍兰德将人分为6种基本职业类型,分别为:实用型R、研究型I、艺术型A、社会型S、企业型E、常规型C。

实用型(R)。实用型的人喜欢从事有规则的、明确的、有序的、系统的活动。因此,这类人偏好以机械为对象的技能性较强的职业。为了胜任相关职业,他们需要具备与机械、电气技术等有关的能力。他们的性格往往顺从、朴实,比较缺乏社交能力。

研究型(I)。研究型的人喜欢观察,擅长对物理、生物、医学等进行抽象的、创造性的研究活动。因此,这类人偏好智力的、抽象的、独立的、带有研究性质的职业,如科学家、医生、工程师等。

艺术型(A)。艺术型的人具有冲动、直觉化、情绪化、理想化、有创意等特点。他们喜欢艺术性的职业环境,具备语言、美术、音乐、演艺等方面的艺术才能;擅长以形体和语言来创作艺术作品,而对事务性的工作则难以胜任。文学创作、音乐、美术、演艺等职业特别适合他们。

社会型(S)。社会型的人擅长合作,特点是友善、负责任、圆滑等。他们喜欢社会交往,关心社会问题,具有教育能力和与人相处等人际交往方面的能力。适合这一类人的职业有教师、公务员、社会工作者等以与人接触为中心的社会服务型工作。

企业型(E)。企业型的人喜欢冒险、精力充沛、善于社交、自信心强。他们强烈关注目标追求,喜欢为获得利益而控制、驱动他人。由于具备优秀的主导性和人际交往能力,这类型的人特别适合从事领导工作或企业经营管理工作。

常规型(C)。常规型的人的特点是顺从、谨慎、保守、实际、稳重、有效率、善于自我控制。他们喜欢从事档案整理、数据资料处理等有系统、有条理的工作。适合他们的典型职业包括行政人员、会计师、银行职员等。

人们通常倾向选择与自己兴趣匹配的职业环境,这样可以最大限度地发挥个人的潜能。但在具体职业选择中,个体并非一定要选择与自己兴趣完全对应的职业环境,这主要是因为个体本身通常是多种兴趣类型的综合体,出现单一类型显著突出的情况并不多见,因此评价个体的兴趣类型时可以将六大类型中得分前三位的组合起来,根据每个类型得分高低依次排列字母,构成兴趣组型,如 EIS、AIS 等。

职业兴趣作为一种特殊的心理特点,从职业的多样性和复杂性反映出来。职业兴趣上的个体差异是相当大的。一方面,现代社会职业划分越来越细,社会活动的要求和规范越来越复杂,各种职业间的差异也越来越明显,所以对个体的吸引力和要求迥然不同;另一方面,个体自身的生理、心理、社会经济地位、环境背景不同,其倾向选择的职业类型、从事的活动类型和方式也不同。

职业的社会责任、满意度、工作特点、工作风格、考评机制各不相同,这种差异决定着不同职业对于员工的职业兴趣有着特殊的要求。现代人力资源管理的基本原则是将合适的人放在合适的岗位上。人职匹配包括两个方面:一是人的知识、能力、技能与岗位要求相匹配;二是人的性格、兴趣与岗位相匹配。因此,企业在招募员工时,非常有必要对其进行职业兴趣的测评,了解申请者的职业兴趣人格类型。通过测试,企业可以得知职业环境是否与申请者的职业兴趣类型相匹配,即企业可以考察申请者是否适合在本企业的职业环境中工作。

二、通过他人的反馈了解自我(定性法)

每个人都有认识自己的过程。

正确认识自己,首先要正确认识人生的道路。对自己的能力有正确的评估,客观地分析自己的长处和短处,做到扬长避短,学会调节自己的心态,把自己的行动力发挥到最佳。通过他人的反馈了解自我,可以更好地了解自己的潜力和能力。我们与他人交流互动时,可以从他人的角度观察自己。如果能够虚心向他人请教、真心听取不同意见,我们可以与他人建立更加真实和深入的关系。

三、通过参与实践活动了解自我(体验法)

自我价值的实现不能寄希望在别人身上,必须充分认识自我,提高自信心。自我价值感是内在的,而非通过外部因素获得的。我们要树立正确的人生观、价值观、世界观,最大限度地发挥自己的所学、所知、所能、所创。用感恩的心去工作和生活,从中体会人生的乐趣。

总之,随着社会的发展,人类幸福的生活越来越多地取决于人类自身的人格健康状况。同时,人格的健康发展也是促进社会健康发展的一种力量。健康的人格,使人在困苦中品出快乐,在失利时不言放弃,在平凡里热爱生活。

第四章　了解外部环境

作为新时代的大学生,不仅要在知识的海洋中徜徉,也要及时把握社会的动向。所谓"世事洞明皆学问",将自己所学的专业知识应用于社会发展之中,离不开对自身深刻清晰的认识,更离不开对社会外部环境的整体认识。

第一节　家庭环境分析

原生家庭是一个人性格最重要的培养环境,任何人性格特点的形成都离不开家庭教育。每个人在进行职业生涯规划时,除了考虑自己的能力和兴趣外,还要考虑家庭经济状况、家人期望、家族文化等。个人在职业发展的过程中,根据自己的成长经历和受教育的情况,不断修正、调整,最终确定职业理想和职业规划。可以说,要作出适合个人的定制化的职业规划,就必须全面而准确地分析家庭状况。

有学者将家庭环境分为软、硬两种。硬环境主要是指家庭结构、家庭经济状况、父母职业和父母的文化程度等可量化的条件与指标；软环境包括父母的婚姻状况、父母的教育方式以及亲子关系等。家庭环境对于大学生职业生涯规划的影响分为三个维度，一是家庭资源，二是家庭教养方式，三是家庭氛围。

一、家庭资源对于大学生职业生涯的影响

资源在社会关系中发挥着重要的作用，家庭是大学生社会资本的主要来源。在自我认知和职业选择上，社会阶层高、拥有更多社会资源的家庭能够在职业价值观和职业决策上给予孩子更多的引导和帮助，这些家庭的孩子对自己的职业认知也会更加清晰。反之，缺乏社会资源的家庭能给孩子提供的指导较少，孩子对自我认知比较模糊，对于职业认知比较迷茫。

二、家庭教养方式对于大学生职业生涯的影响

家庭教养方式是指家长尤其是父母在与子女交往过程中形成的教养观念、教养行为及情感表达的一种相对稳定的方式。它反映了亲子交往的实质，是个体社会化的重要因素。根据美国著名心理学家鲍姆林德的研究，父母对于孩子的教养方式分为权威型、专制型、宽容型（溺爱型），其中权威型的父母对于子女的职业生涯规划比较清晰，孩子的社会活动能力和认知能力都比较出色。

三、家庭氛围对大学生职业生涯的影响

家庭氛围是指家庭成员主观感受到的家庭亲子关系、家庭凝聚力、人际氛围关系等,家庭氛围从不同的角度影响着家庭成员的心理和行为。总体来说,和谐型的家庭气氛最有利于人格的发展,而冲突型和离散型则不利于人格的健康发展。和谐的家庭氛围是大学生成长成才的重要精神支持,而压抑的家庭氛围会对其认知、语言、社交、情绪等方面造成有害的影响。

第二节　学校环境分析

一、认识大学

“大学之道,在明明德,在亲民,在止于至善”,在古人看来,所谓大学,是为大人之学,也是成为君子不可或缺的一道重要教育门槛。对于现代教育来说,大学是国家的高等教育学府,是培养人才的地方。

近现代大学起源于欧洲中世纪。在这之前,高等教育存在了数千年。古代埃及、印度、中国等都是高等教育的发源地,古希腊、古罗马、拜占庭及阿拉伯国家都建立了较为完善和发达的高等教育体制。虽然许多教育史家把上述地方的高等学府也称为“大学”,但严格地说,它们不是真正意义上的大学。“大学”是拉丁文“universitas”一词的译名,专指 12 世纪末在西欧出现的一种高等教育机构,这种机构形成了自己独有的特征,如组成了系(faculty)和学院(college),开设了规定的课程,实施正式的考试,雇佣稳定的教

学人员，颁发被认可的毕业文凭或学位证书，等等。

一般认为，1809 年德国柏林大学的创立标志着现代意义上的大学的诞生。现代大学与传统（中世纪）大学的根本区别在于大学职能的转变。传统大学是传授已有知识的场所，将研究和发现知识排斥在大学之外，而现代大学则将科学研究作为自己的主要职能，将增扩人类的知识领域和培养科学工作者作为自己的主要任务，推崇“学术自由”和“教学与研究的统一”。这一思想对世界高等教育产生了深远影响。英国教育学家纽曼认为，大学的职责是提供智能、理性和思考的学习环境，让年轻人凭借自身所具有的观察力在共同的学习、生活中，得到受益一生的思维训练。

为清华大学留下宝贵精神财富的清华大学原校长梅贻琦在 1931 年的演讲中说：“大学之大，非大楼之大，而在于大师之大。”大学不仅是传授知识的地方，更是培养人的独立思想，激发学生自主学习、创新科研的地方。大学生要有自己的主见和思考，敢于质疑、敢于挑战，在浮华的社会中仍然保持清醒的头脑。

二、了解大学，适应大学

大学是年轻人独立的起点。告别了高中“填鸭式”的应试教育，年轻人开始了自由探求、自我思索的过程。大学也是一个真正强调自律、自觉的地方，“真正的自由来自高度的自律”，只有对自己有要求，才有能力对这个世界提出要求。如果一脱离高中的高压环境就开始放松对自我的要求，大学时光就如白驹过隙，一晃而过。而浪费时光的人也只能匆匆忙忙地进入社会，没有目标和方向。

德国存在主义大师卡尔在著作中指出：高等大学的本质在于，对学生的选择是以每个人对自己负责的行为为前提的,他所负的责任也包括一事无成、一无所能。因此,大学是个体自主成长的地方,同学们要珍惜时光,多学多看,不要让青春留下遗憾。

第三节 社会环境分析

一、社会与大学的区别

社会与大学是截然不同的环境,越来越多的大学生因为没有做好进入社会的准备,对社会产生疏离感,进而导致心理错位。大学生切忌好高骛远、眼高手低。将自己眼下的事情做好做精,成为一个能干、肯干、会干的人,才是一个高校毕业生应有的核心竞争力。

二、就业政策分析

近年来我国高校毕业生人数逐年递增, 2023 年我国高校毕业生人数规模达 1158 万人,社会竞争日趋激烈,高校毕业生面临着前所未有的就业压力。

(一)当前就业形势

随着改革开放进程日益深化,我国的国情发生了日新月异的变化。从包分配、吃大锅饭的就业环境到市场化浪潮下人才自由竞争、自主择业,大学生只有明确自己所处的环境和形势,才能作出准确的判断。

总体来说,当前就业压力依然很大,部分领域、行业就业的结构性矛盾问题依然比较突出。不过,随着经济回升向好,产业转型升级加快,稳就业积极因素的不断积累,我国就业形势有望保持稳定。具体来说有以下几个原因:

一是经济规模扩大带来就业增加。经济增长是稳定和扩大就业的基础。近年来,我国经济增量不断扩大是拉动就业增长的关键所在,2024 年我国经济创造的增量有望大于 2023 年,这将为扩大就业提供有力支撑。

二是 2024 年退出劳动力市场的人口规模将大于新进入劳动力市场的人口规模,这也为寻找工作的人们提供了更多就业空间。

三是产业结构升级扩充就业容量。相比于其他产业,劳动密集度较高的服务业在吸纳就业方面优势明显。2022 年以来服务业恢复势头较好,在 GDP 中的占比也在提高,服务业占 GDP 的比重已经超过疫情前的水平,餐饮、交通、批发零售等行业的就业带动作用比较明显。展望未来,服务消费较为活跃,服务业增长将继续成为带动吸纳就业的主要力量之一。与此同时,新产业、新业态、新商业模式蓬勃发展,产生许多全新的岗位需求,也有利于扩大就业空间,提升就业质量。

四是稳就业政策持续发力显效。中央经济工作会议对此也作了部署,特别指出要多出有利于稳预期、稳增长、稳就业的政策。各地区各部门将更加突出就业优先导向,加大重点群体就业帮扶力度,政策红利释放也有望继续为就业稳定提供有力保障。

在行业上,电子信息、互联网、机械制造业对毕业生的需求旺盛,物联网、智能装备、新材料、新能源等战略性新兴产业对毕业生的需求也呈上升趋势。随着国家发展布局的展开,特别是与“一带一路”、京津冀一体化、港珠澳等相关的项目行业,对人才吸引力巨大。同时,中国的制造业正在向智能制造转型,一些钢铁、石油等传统行业在产品转型、企业升级方面急需高端人才。

在就业地域上,北京、上海、广州、深圳等城市因政治、经济等因素吸引了众多毕业生。近年来,大城市管理者试图通过减少毕业生落户以调控城市人口规模的意图也越发明显,使得大学生毕业后在“北上广深”这些大城市工作变得越来越难。而二线城市通过住房、补贴、科研扶持等一系列优惠政策招揽人才,有利于人才长期发展。

(二)当前就业政策分析

我国就业政策大致经历了三个阶段:从计划经济体制下的“统分统包”,到教育体制改革下的“双向选择”,再到深化市场经济体制改革下的“自主选择”。当前,在市场体系发挥高效配置资源的作用下,政府要平衡资源缺乏地区的人才配置,就必须在政策上有所体现。如大力支持毕业生到基层、艰苦地区工作,积极倡导非公有制企业、中小型企事业单位聘用高校毕业生。

2022 年 5 月 5 日,国务院办公厅发布《关于进一步做好高校毕业生等青年就业创业工作的通知》(以下简称《通知》)明确指出:高校毕业生等青年就业关系民生福祉、经济发展和国家未来。

该《通知》从多渠道开发就业岗位、强化不断线就业服务、简化优化求职就业手续、着力加强青年就业帮扶、压紧压实工作责任等五大方面强调做好青年就业创业保障工作。具体来说,有二十条细则。

(1)扩大企业就业规模。坚持在推动高质量发展中强化就业优先导向,加快建设现代化经济体系,推进制造业转型升级,壮大战略性新兴产业,大力发展现代服务业,提供更多适合高校毕业生的就业岗位。支持中小微企业更多吸纳高校毕业生就业,按规定给予社会保险补贴、创业担保贷款及贴息、税费减免等扶持政策，对吸纳高校毕业生就业达到一定数量且符合相关条件的中小微企业，在安排纾困资金、提供技术改造贷款贴息时予以倾斜。

(2)拓宽基层就业空间。结合实施区域协调发展、乡村振兴等战略，适应基层治理能力现代化建设需要，统筹用好各方资源，挖掘基层就业社保、医疗卫生、养老服务、社会工作、司法辅助等就业机会。社区专职工作岗位出现空缺要优先招用或拿出一定数量专门招用高校毕业生。继续实施“三支一扶”计划、农村特岗教师计划、大学生志愿服务西部计划等基层服务项目，合理确定招募规模。对到中西部地区、艰苦边远地区、老工业基地县以下基层单位就业的高校毕业生，按规定给予学费补偿和国家助学贷款代偿、高定工资等政策，对其中招聘为事业单位正式工作人员的，可按规定提前转正定级。

(3)支持自主创业和灵活就业。落实大众创业、万众创新相关政策，深化高校创新创业教育改革，健全教育体系和培养机制，汇集优质创新创业培训资源，对高校毕业生开展针对性培训，按规定给予职业培训补贴。支持高校毕业生自主创业，按规定给予一次性创业补贴、创业担保贷款及贴息、税费减免等政策，政府投资开发的创业载体要安排30%左右的场地免费向高校毕业生创业者提供。支持高校毕业生发挥专业所长从事灵活就业，对毕业年度和离校2年内未就业高校毕业生实现灵活就业的，按规定给予社会保险补贴。

(4)稳定公共部门岗位规模。深化落实基层法官检察官助理规范便捷招录机制，畅通政法专业高校毕业生进入基层司法机关就业渠道。支持承担国家科技计划(专项、基金等)的高校、科研院所和企业扩大科研助理岗位规模。充分考虑新冠肺炎疫情影响和高校毕业生就业需要，合理安排公共部门招录(聘)和相关职业资格考试时间。

(5)精准开展困难帮扶。要把有劳动能力和就业意愿的脱贫家庭、低保家庭、零就业家庭高校毕业生,以及残疾高校毕业生和长期失业高校毕业生作为就业援助的重点对象,提供“一人一档”“一人一策”精准服务,为每人至少提供3—5个针对性岗位信息,优先组织参加职业培训和就业见习,及时兑现一次性求职创业补贴,千方百计促进其就业创业。对通过市场渠道确实难以就业的困难高校毕业生,可通过公益性岗位兜底安置。实施“中央专项彩票公益金宏志助航计划”,面向困难高校毕业生开展就业能力培训。实施共青团促进大学生就业行动,面向低收入家庭高校毕业生开展就业结对帮扶。及时将符合条件的高校毕业生纳入临时救助等社会救助范围。实施国家助学贷款延期还款、减免利息等支持举措,延期期间不计复利、不收罚息、不作为逾期记录报送。

(6)优化招聘服务。推进公共就业服务进校园,逐步实现公共就业招聘平台和高校校园网招聘信息共享。建立高校毕业生就业岗位归集机制,广泛收集机关事业单位、各类企业、重大项目等高校毕业生就业岗位需求计划,集中向社会发布并动态更新。构建权威公信的高校毕业生就业服务平台,密集组织线上线下专项招聘服务,扩大国家24365大学生就业服务平台、百日千万网络招聘、“千校万岗”、中小企业网上百日招聘等招聘平台和活动影响力。

(7)加强就业指导。健全高校学生生涯规划与就业指导体系,开展就业育人主题教育活动,引导高校毕业生树立正确的职业观、就业观和择业观。注重理论与实践相结合,开展多种形式的模拟实训、职业体验等实践教学,组织高校毕业生走进人力资源市场,参加职业能力测评,接受现场指导。

(8)落实实名服务。深入实施离校未就业高校毕业生就业创业促进计划,强化教育、人力资源社会保障部门离校前后信息衔接,持续跟进落实实名服务。运用线上失业登记、求职登记小程序、基层摸排等各类渠道，与有就业意愿的离校未就业高校毕业生普遍联系，为每人免费提供1次职业指导、3次岗位推荐、1次职业培训或就业见习机会。

(9)维护就业权益。开展平等就业相关法律法规和政策宣传，坚决防止和纠正性别、年龄、学历等就业歧视，依法打击“黑职介”、虚假招聘、售卖简历等违法犯罪活动，坚决治理付费实习、滥用试用期、拖欠试用期工资等违规行为。督促用人单位与高校毕业生签订劳动(聘用)合同或就业协议书，明确双方的权利义务、违约责任及处理方式，维护高校毕业生合法就业权益。对存在就业歧视、欺诈等问题的用人单位，及时向高校毕业生发布警示提醒。

(10)稳妥有序推动取消就业报到证。从2023年起，不再发放《全国普通高等学校本专科毕业生就业报到证》和《全国毕业研究生就业报到证》(以下统称就业报到证)，取消就业报到证补办、改派手续，不再将就业报到证作为办理高校毕业生招聘录用、落户、档案接收转递等手续的必需材料。

(11)提供求职就业便利。取消高校毕业生离校前公共就业人才服务机构在就业协议书上签章环节，取消高校毕业生离校后到公共就业人才服务机构办理报到手续。应届高校毕业生可凭普通高等教育学历证书、与用人单位签订的劳动(聘用)合同或就业协议书，在就业地办理落户手续(超大城市按现有规定执行)；可凭普通高等教育学历证书，在原户籍地办理落户手续。教育部门要健全高校毕业生网上签约系统，方便用人单位与高校毕业生网上签约，鼓励受疫情影响地区用人单位与高校毕业生实行网上签约。对延迟离校的应届高校毕业生，相应延长报到入职、档案转递、落户办理时限。

(12)积极稳妥转递档案。高校要及时将毕业生登记表、成绩单等重要材料归入学生档案，按照有关规定有序转递。到机关、国有企事业单位就业或定向招生就业的，转递至就业单位或定向单位；到非公单位就业的，转递至就业地或户籍地公共就业人才服务机构；暂未就业的，转递至户籍地公共就业人才服务机构。档案涉密的应通过机要通信或派专人转递。公共就业人才服务机构要主动加强与高校的沟通衔接，动态更新机构服务信息，积极推进档案政策宣传服务进校园，及时接收符合转递规定的学生档案。

(13)完善毕业去向登记。从2023年起，教育部门建立高校毕业生毕业去向登记制度，作为高校为毕业生办理离校手续的必要环节。高校要指导毕业生(含结业生)及时完成毕业去向登记，核实信息后及时报省级教育部门备案。实行定向招生就业办法的高校毕业生，省级教育部门和高校要指导其严格按照定向协议就业并登记去向信息。高校毕业生到户籍和档案接收管理部门办理相关手续时，教育部门应根据有关部门需要和毕业生本人授权，提供毕业生离校时相应去向登记信息查询核验服务。

(14)推进体检结果互认。指导用人单位根据工作岗位实际，合理确定入职体检项目，不得违法违规开展乙肝、孕检等检测。对外科、内科、胸透X线片等基本健康体检项目，高校毕业生近6个月内已在合规医疗机构进行体检的，用人单位应当认可其结果，原则上不得要求其重复体检，法律法规另有规定的从其规定。用人单位或高校毕业生对体检结果有疑问的，经协商可提出复检、补检要求。高校可不再组织毕业体检。

(15)健全青年就业服务机制。强化户籍地、常住地就业失业管理服务责任，允许到本地就业创业的往届高校毕业生、留学回国毕业生及失业青年进行求职登记、失业登记，提供均等化基本公共就业服务，按规定落实就业创业扶持政策。实施青年就业启航计划，对有就业意愿的失业青年，开展职业素质测评，制订求职就业计划，提供针对性岗位信息，组织志愿服务、创业实践等活动。对长期失业青年,开展实践引导、分类指导、跟踪帮扶,提供就业援助,引导他们自强自立、及早就业创业。

(16)提升职业技能水平。适应产业转型升级和市场需求,高质量推动产训结合和职业技能培训资源共建共享,扩大青年职业技能培训规模,拓展学徒培训、技能研修、新职业培训等多种模式,举办各类职业技能竞赛活动。鼓励高校毕业生等青年在获得学历证书的同时获得相关职业资格证书或职业技能等级证书,对需要学历学位证书作为报考条件的,允许先参加考试评定,通过考试评定的,待取得相关学历学位证书后再发放职业资格证书或职业技能等级证书。

(17)扩大就业见习规模。实施百万就业见习岗位募集计划,支持企事业单位、社会组织、政府投资项目、科研项目等设立见习岗位,按规定给予就业见习补贴。鼓励有条件的地方或用人单位为见习人员购买商业医疗保险,提高见习保障水平。离校未就业高校毕业生到基层实习见习基地参加见习或者到企事业单位参加项目研究的,视同基层工作经历,自报到之日起算。实施大学生实习"扬帆计划",广泛开展各级政务实习、企业实习和职业体验活动。

(18)加强组织领导。各地区各部门各高校要以习近平新时代中国特色社会主义思想为指导,认真贯彻落实党中央、国务院决策部署,把高校毕业生等青年就业作为就业工作重中之重,作为政府绩效考核和高校绩效考核内容,将帮扶困难高校毕业生就业作为重点,明确目标任务,细化具体举措,强化督促检查。各有关部门要立足职责,密切配合,同向发力,积极拓宽就业渠道,加快政策落实。

(19)强化工作保障。要根据本地区高校毕业生等青年就业形势和实际需要,统筹安排资金,加强人员保障,确保工作任务和政策服务落实。健全公共就业服务体系,实施提升就业服务质量工程,增强对高校毕业生等青年就业指导服务的针对性有效性。运用政府购买服务机制,支持经营性人力资源服务机构、社会组织等市场力量参与就业服务、职业指导、职业培训等工作。

(20)做好宣传引导。开展就业政策服务专项宣传,及时提供通俗易懂的政策解读。开展“最美基层高校毕业生”“基层就业出征仪式”等典型宣传活动,引导高校毕业生等青年将职业选择融入国家发展,在奋斗中实现人生价值。做好舆论引导,及时回应社会关切,稳定就业预期。

第四节　职业环境分析

一、部分专业就业前景

(一)建筑类专业

虽然由于房价调控、出生人口减少等因素,房地产行业面临压力,但是随着国家以及地方政府对基础设施投资力度的加大以及制造业的升级换代,路桥建设、园林景观设计、建筑设计等建筑类专业的人才缺口比较多,这些行业急需专业人才。

(二)医学类专业

随着医疗体制改革的不断深化,将出现更多的就医形态,各级医院也会提供多样的医疗类就业机会。现代城市人口工作和生活的压力不断增大,亚健康的状态急需调整，疾病的低龄化使得现代人对于健康的重视程度也在不断提高。根据第七次全国人口普查结果，中国60岁以上人口有2.6亿人，占18.7%，中国已经步入老年化社会，因此从事老年医学的人才将走俏，保健医师、家庭护士也将成为热门人才。

(三)艺术类专业

传统的美术、音乐、表演等专业在就业上一直存在瓶颈，但通过与计算机技术、工业、建筑、管理等学科结合，有助于形成新的优势，成为广告设计、游戏设计、工业设计等热门行业的专业人才。

(四)文科类专业

由于文科类专业替代性强、专业门槛低，所以这类专业的就业受到一定的限制。文科类专业的学生可在掌握并且深挖写作与文案技能的同时，掌握一门外语或者理科知识，以便将来可以胜任要求相对较高的就业岗位。

(五)外语类专业

英语作为世界通用语言在对外合作中一直应用频繁，但由于科技的发展与高级人才英语水平的普遍提高，单独学习英语专业的优势不再，英语专业学生最好再学习一门其他专业知识，提高自身的竞争力。此外，德语、日语、法语专业就业已经进入市场饱和状态，成为普遍的“大语种”。而随着我国和第三世界国家频繁接触，非洲通用语言、阿拉伯语人才需求缺口不断扩大，对这些人才的需求量在稳步增高。

(六)法学专业

我国政府部门对于法学专业的毕业生需求量仍然旺盛，特别是涉外专业的人才。立法机关、仲裁机构每年都要招聘大量法学专业的毕业生。企业也越来越重视法律权益,对于法务的需求量也在逐年增长。法律专业就业形势向好,但是我们也要看到毕业生在就业方面的压力。该专业毕业生的数量激增,使司考的竞争激烈程度不断提高。另外,相应岗位对法学专业学生的学历要求也越来越高。

(七)经济类专业

金融业整体薪资水平在众多行业中仍是翘楚,吸引了诸多人才。但是也要看到经济类专业毕业生数量多,市场过于饱和,竞争激烈。

二、职业的探索体验

大学是增长知识的阶段,学生在教育环境中学习知识、培养能力。而在职场中,个体在拥有一定自由的同时需要遵从相应的职业规范,是一个相对独立的角色。

从环境上来说,高校生活节奏慢、压力较小。而每一个职业岗位都有具体的规范和要求,节奏快、压力大。从大学宽松的环境转向紧张的职业环境,容易使年轻人产生缺失感和迷茫情绪。

要减少这样身份角色转变带来的不适,毕业生就要积极做好择业准备,全面了解社会需求,合理确定职业方向,勇于参与市场竞争。

以下几点建议可供参考。

(一)通过实习预先进入职业角色

大学生可以在毕业前,根据学校的教学计划,安排毕业实习、就业实习、工作实习三者并行，在与用人单位接触的过程中，用心了解用人单位的基本情况，再结合自身的综合情况，不断调整职业期望值，实事求是地找准自己的职业定位。

（二）通过实践活动提前了解职业

虽然目前很多高校都开设了职业生涯规划指导课程，但是部分课堂忽略了大学生作为职业生涯规划的主体作用，只是单纯地由教师向学生传授一些理论知识，缺乏必要的实践体验环节，使学生难以体会到职业生涯规划的实际作用。另外，虽然目前许多大学生已经制订了自身的职业生涯规划，但往往只是停留在纸上谈兵的阶段，对参与校园创新创业大赛、自主创业项目等的积极性不高。这些情况导致当前大学生的职业生涯规划普遍存在操作性不强、脱离实际等问题

因此大学生要积极参加职业生涯规划、校园创新创业等实践活动，在竞争中了解不同的职业，找到适合自己的工作领域。

（三）通过生涯人物访谈厘清自我定位

生涯人物访谈，是通过与一定数量的职场人士（通常是自己感兴趣的职业从业者）交谈而获取关于一个行业、职业和单位内部信息的一种职业探索活动。通过访谈，我们可以了解该职业岗位的实际情况，获取相关领域的真实信息。

生涯人物访谈是大学生在校期间进行职业生涯规划的一个环节，是一种获取职业信息的有效渠道，目的是帮助大学生了解和认识社会需求、职业需求、职业环境等，使大学生了解与未来工作有关的特殊问题，如潜在的入职标准、核心素质要求、晋升路径和工作者的内心感受等（这些信息是通过

大众传媒和一般出版物得不到的)。生涯人物访谈还能帮助大学生正确认识自己的优势和不足,从而制订更加合理的学习和生活计划。

生涯人物访谈操作流程如下:

1. 认识和了解自己

加强对自己的认识和了解,可以借助一定的工具,如霍兰德职业倾向测试、职业能力测量表、职业价值观测量表或测评软件等,分析自己的兴趣、性格、技能和工作价值观。

2. 寻找生涯人物

结合自己的兴趣、技能、工作价值观、教育背景和相关职业知识列出未来可能从事的几个职业,然后在每个职业领域寻找三位以上的在职人士作为生涯人物。生涯人物可以是自己的亲人、老师和朋友,也可以是他们推荐的其他人,还可以借助行业协会、大型同学群或某个具体组织的网页来寻找相关职场人士。要注意的是,生涯人物的职业应该是自己向往的。每个职业领域的生涯人物应结构合理,既要有初入职场的人士,也要有一定工龄的中高层人士。正式访谈前,对生涯人物的信息掌握得越全面越好,姓名、职务和联系方式是必需的;对生涯人物的讲话、文章、采访等可以公开收集的信息要尽可能地熟悉。

3. 拟定访谈提纲

结合目标职业信息设计访谈问题,对生涯人物的访谈可以围绕以下要点进行:行业、单位名称、工作的性质类型、主要内容、地点、时间、任职资格、所需技能、市场前景、行业相关信息、工作环境、工作强度、福利薪酬、工作满意度等。

4. 预约并实地采访

预约方式有电话、微信、电子邮件等。预约时应先介绍自己，然后说明访谈目的及所需要的时间（通常30分钟左右），并与对方确认访谈的时间和地点。请注意：联系前准备要充分，如果是电话联系，应备好纸和笔，以备临时电话采访；联系时一定要有礼貌，时间要短。

访谈方式可以是面谈、电话访谈、微信访谈等，最好是面谈，以便获得更真实的一手信息。面谈开始时，采访者可用从其他渠道了解的关于生涯人物的信息打开话题，之后按设计好的提纲开始访谈。遇到生涯人物谈兴正浓时，采访者要乐于倾听，有时会有意想不到的收获。访谈结束时，请生涯人物再给自己推荐其他相关的生涯人物，这样就可以滚雪球的方式拓展自己的职业认知领域。

请注意，访谈前，应征求生涯人物的意见，视情况对谈话进行记录；访谈一定要守时、简洁，不浪费他人时间；访谈结束后，要整理访谈资料，并尽快通过合适的方式向对方表示感谢。

5. 访谈结果分析

在一个职业领域采访三位左右的生涯人物后，就可以用职业信息加工的观点来分析资料，对照之前自己对该职业的认识，找出主观认识与现实之间的偏差，确定自己是否适合这一职业和工作环境，是否具备所需的能力、知识与品质，形成书面总结，进而制订详细的自我提升计划。

如果访谈结果与自己之前的认识出现严重脱节，就有必要选择另一个职业领域，开展新一轮生涯人物访谈。

三、职业定位方法

大学生在求职前应该做好职业定位,明确自己的职业方向,确定自己的职业目标,以免就业后感到后悔、迷茫。大学生职业定位方法具体介绍如下。

(一)认识职业:先就业后择业

以择业为导向的职业定位是先看个人意愿(想做什么),然后分析个人职业能力,最后确定个人职业方向;以就业为导向的职业定位是先寻找职业机会(工作实践),然后通过实践分析个人职业能力,最终确定自己的意愿(想做什么)。

表 4-1　择业和就业的步骤区别

	择业导向	就业导向
第一步	确定意愿	寻找职业机会
第二步	分析个人职业能力	分析个人职业能力
第三步	确定职业方向	确定意愿

(二)认识自我:做我所爱,做我擅长

认识自我即认清自己的性格特点、爱好特长、优势和不足。大学生可以通过自我评估、他人评价、计算机软件测评、社会实践等多种方式认识自我。社会实践是认识自我的前提,歌德曾说:“一个人怎样能认识自己呢?通过观察是不可能的,必须通过行动。”只有在社会实践中才能认识自我、发现自我。大学生可以从这些方面对自己进行分析:我喜欢做什么(职业兴趣)、我

适合做什么(职业性格)、我能够做什么(掌握的专业知识、技能和工作)。这有助于找到与自己兴趣、能力相匹配的工作。

(三)职业兴趣组合卡

职业兴趣组合卡是一套兼具测评和咨询功能的卡片组合。通过排卡,大学生可以了解自己的职业兴趣,更好地进行自我认知。与传统的问卷测试相比,职业兴趣组合卡更具有弹性、开放性、发散性和整体性。

一套完整的职业兴趣组合卡包含三大类:标示卡、说明卡和职业卡(又分为一般职业卡和空白职业卡)。标示卡分别是:“喜欢”“不确定”和”不喜欢”。说明卡包括 6 张职业兴趣类型说明卡和 1 张职业兴趣类型结构图,用以解释测试者的职业兴趣类型。一般职业卡的正面标示职业名称和卡片编号,背面为相关的职业信息。空白职业卡供测试者自由填写喜欢但未能涵盖在一般职业卡中的职业,以增加职业兴趣组合卡的实用性及应用范围。

在选排卡片的过程中,测试者可以随时移动职业卡的位置。首先,测试者浏览所有的职业名称,逐一判定对这些职业的印象,然后,找出一些标准来评估这些职业,将其分配到“喜欢”“不确定”“不喜欢”三个大类上。其次,进一步权衡分配在这三类上的职业,排列优先顺序。最后,在这些顺序中做一个暂时性的选择,并通过一定的计算,得出自己的职业兴趣类型。

职业兴趣组合卡不仅可以单人使用,也可以多人使用,但最多不宜超过 15 人。多人使用时,测试者可以在差异中了解自我。

PAPT 03

生涯定向篇 >>>

——如果你知道去哪，全世界都会为你让路

第五章 学会生涯决策

第一节 生涯决策的概念

一、什么是生涯决策

决策是为了实现特定的目标,根据现实的可能性,在占有一定信息和经验的基础上,借助一定的工具、技巧和方法,对影响目标实现的诸因素进行分析、计算和判断选优后,对未来行动作出决定。决策也是管理学上的重要术语,即确定目标,拟订方案。

生涯决策是个人根据各种条件,经过一系列活动后进行的目标决定,以及为实现目标而制定优选的个人行动方案。生涯决策理论主要涉及三个方面:决策过程、决策模式以及影响决策的因素。

二、生涯决策的重要性

生涯决策不仅仅是选择的过程,更是放弃的过程,选择一种可能性,等于放弃其他的可能性。因此生涯决策对于大学生而言有非常重要的意义。

凡事预则立,不预则废。激烈的市场竞争决定了生涯规划的重要性,将现实和长远规划相结合并不断完善,是就业和职业提升的关键。

生涯规划的重要意义体现在以下几个方面:

(一)有助于个体确立发展目标

个体通过分析自身能力、才华和性格特点,找出自己的特长,确立发展目标,并制订一系列行动规划,充分发挥自己的潜能,朝着实现目标努力。

(二)能够激励个体努力工作

随着时间的推移,生涯计划将一步一步实现。这时,个体的思维方式和工作方法也会逐步改变。但最重要的是,有了生涯规划,可以激励个体努力工作。

(三)有助于个体把握重点

做好生涯规划能帮助个体更好地安排日常工作的优先级顺序。通过规划,使个体工作更有条理,把握工作重点,提高工作效率。

(四)有利于挖掘个体潜力

生涯规划可以帮助个体集中注意力,专注于自己有优势且能得到高回报的领域,发挥更大的潜力,最终达到目标。

(五)有助于个体了解当前的成果

生涯规划为个体提供了一个自我评估的途径,使个体可以根据规划的进展情况评价当前取得的成果。

三、影响生涯规划的因素

克朗伯兹(Krumboltz)的社会学习理论兼顾心理与社会的作用,认为二者对个人生涯规划均有影响。20 世纪六七十年代,克朗伯兹组织团队对高中生做了一系列职业研究,并于 1979 年推出《社会学习理论和生涯决定》一书。

克朗伯兹认为以下四类因素将影响一个人的生涯规划。

(一)遗传因素和特殊能力

遗传因素在某些程度上限制了个人对职业或学校教育选择的自由。这些因素包括健康、种族、性别、外在的仪表和特征等。

个人的某些特殊能力也会影响其在环境中的学习经验。伴随这些学习经验而来的兴趣与技能,对个人未来职业规划等有较大影响。个人的特殊能力包括智力、音乐能力、美术能力、动作协调能力等。

(二)学习经验

克朗伯兹认为,每个人独特的学习经验会影响其在规划职业生涯时的路径。日常生活中,影响个体学习经验的原因错综复杂,因而没有一个理论能够很好地解释这些变量究竟是如何影响个人职业生涯偏好和技能发展的,又是如何影响生涯规划的。

(三)环境状况和事件

克朗伯兹认为,在影响教育和职业规划的因素中,有许多来自外部环境,并非个人所能控制。这些环境状况和事件有可能来源于人类活动(如社会、文化、政治、经济活动),也可能由自然力量引起(如自然资源的分布或自然灾害)。具体包括:工作机会的数量和性质;训练机会的数量和性质;不同职业的报酬水平;劳动法和工会的规定;自然灾害,如地震、洪水、干旱、台风等;自然资源的开发;科技的发展;社会组织的改变;家庭的影响;教育系统和社区的影响。

(四)工作技能

前面提到的各种因素,如遗传因素、特殊能力、社会上各种影响因素以及不同的学习经验等,会以一种交互影响的方式使个人形成特有的工作技能,包括解决问题的能力、工作习惯、规划技巧、工作标准与价值、知觉和认知能力等。

四、生涯决策的基本原则

(一)生涯决策的一般性原则

1. 清晰性原则:目标措施是否明确。

2. 挑战性原则:目标措施是否具有挑战性。

3. 变动性原则:目标措施是否因环境变化而调整。

4. 一致性原则:个人目标和组织目标是否一致。

5. 激励性原则:目标符合个体特征,能产生激励作用。

6. 合作性原则:与他人的目标协调。

7. 全程原则:考虑整个历程。

8. 具体原则:各个阶段具体可行。

9. 实际原则:符合实际,操作性强。

10. 可评量原则:明确时间限制和标准,便于评量检查。

(二)生涯决策的指导性原则

1. 个人特质与职业环境相匹配的原则

根据美国波士顿大学帕森斯教授提出的人的个性特征与职业特质的"特质因素论",一个人在选择职业的过程中,要考虑三个主要因素:(1)自己的爱好和能力;(2)工作性质和环境;(3)二者之间的匹配与协调。

2. 现实与未来相结合的原则

由于人生发展具有阶段性,因此职业生涯规划与管理的内容可分为若干个阶段。我们在决策时既要脚踏实地、立足现在,又要着眼未来、规划长远。

3. 自我价值与组织发展相结合的原则

每个人都是在一定的组织环境与社会环境中学习发展的,因此个人必须认可组织和社会的需要和价值观。只有处理好个人发展和组织发展的关系,寻找个人发展与组织发展的结合点,才能有长期稳定的发展。

五、生涯决策的类型

美国职业生涯专家斯科特(Scott)和布鲁斯(Bruce)指出,决策风格是在后天的学习经验中逐渐形成的。他们将决策风格分为五种类型:理智型、直觉型、依赖型、回避型和自发型。

(一)理智型

理智型以周全的探求、对选择进行逻辑性评估为特征。理智型决策者具备深思熟虑、逻辑严密等特性。他们会以事实为基础评估决策的长期效用。理智型决策风格是比较受到推崇的决策方式,强调综合全面地收集信息、理智地思考和冷静地分析判断,是其他类型的决策者需要长期培养的一种良好的思维习惯。但理智型决策者可能因为害怕承担决策的后果而不能整合他人的重要观点。

(二)直觉型

直觉型以依赖直觉和感觉为特征,比较关注内心的感受。直觉型决策者习惯以自我判断为导向,在信息有限时,能够快速作出决策;当发现错误时,能迅速改变决策。由于以直觉而不是理性分析为基础,这类决策发生错误的可能性较大,使决策者丧失信心。

(三)依赖型

依赖型以经常寻求他人的指导和建议为特征。依赖型决策者往往不能承担自行决策的责任,允许他人参与决策并共同分享决策成果。依赖型决策者需要他人对问题提出有效解决方案。

(四)回避型

回避型的决策风格是一种拖延、不果断的方式。面对需要决策的问题容易产生焦虑的决策者,往往因为害怕作出错误决策而采取回避的态度。由于决策者不能够承担做决策的责任,因此倾向于拖延时间,不做准备,不知道自己的目标,也不思考,更不寻求帮助。

(五)自发型

自发型以渴望即刻、尽快完成决策为特征,是一种具有强烈即时性的决策风格。自发型决策者往往不能够容忍决策的不确定性以及由此带来的焦虑情绪,常会基于一时的冲动,在缺乏深思熟虑的情况下作出决策。此类决策者通常会给人果断或过于冲动的感觉。

第二节　生涯决策的方法和步骤

一、生涯决策的方法

生涯决策是一个逐步排除不适合自己的职业的过程。从兴趣、价值观、技能、需要、动机等因素出发,结合对职场的认识,我们可以确定自己适合的职业。常见的方法有:SWOT 分析法、平衡单、决策树法、理性决策(满意)模型——CASVE 循环。

(一)SWOT 分析法

SWOT 分析法:S 代表 Strength(优势),W 代表 Weakness(弱势),O 代表 Opportunity(机会),T 代表 Threat(威胁)。市场分析人员经常使用这一工具来扫描、分析整个行业和市场,获取相关的市场资讯,为高层提供决策依据,其中,S、W 是内部因素,O、T 是外部因素。

SWOT 分析也是检查自己的技能、职业、喜好和机会的有用工具,有助于了解自己的优点和弱点,还能找出自己感兴趣的职业道路上的机会和威胁。在任何时候、任何地方,机会和威胁都是可以互相转化的。

一般来说,进行 SWOT 分析时,应遵循以下 4 个步骤。

第一,评估自己的长处和短处。

第二,找出职业机会和威胁。不同的行业(包括这些行业里不同的组织)面临不同的机会和威胁,找出这些外界因素能帮助自己成功地找到一份适合的工作。如果一个组织常处于受到外界不利因素影响的行业里,那么它能提供的职业机会不多,升迁的机会更少。相反,充满积极的外界因素的行业能为求职者提供广阔的就业前景。

第三,提纲式地列出今后 5 年的职业目标。做一个 SWOT 分析评估,列出毕业后 5 年内最想实现的 4~5 个职业目标。这些目标包括:想从事哪一种职业、希望自己拿到多少薪水、评上什么职称等。

第四,提纲式地列出今后 5 年的职业行动计划。这一步主要涉及具体的行动方案。只有落实到具体行动,目标设置才有意义。

做完详尽的个人 SWOT 分析后,我们将得到一个连贯的、现实可行的个人职业策略。

(二)平衡单

平衡单常用于职业咨询,能帮助咨询者系统地分析每一个可能的选项,判断分别执行的利弊得失,然后通过加权计分排列各个选项的顺序,以便找出最优选项。

1. 主体框架

平衡单的主体框架分为自我物质方面的得失、他人物质方面的得失、自我赞许与否、社会赞许与否。

实际应用时,由于认为“自我赞许与否”和“社会赞许与否”仍比较笼统,所以生涯辅导专家金树人将这两项改为“自我精神方面的得失”与“他人精神方面的得失”,也就是从“自我——他人”以及“物质——精神”构成的框架来考虑。

2. 实施步骤

第一,列出可能的职业选项。咨询者首先需在平衡单中列出三至五个有待深入评估的职业选项。

第二,判断各个职业选项的利弊得失。平衡单提供给咨询者思考的因素如前所述,集中于自我、他人、物质、精神等四个方面。咨询者依据重要程度逐一检视各个职业选项,并以“+5”至“-5”的十一点量表(+5,+4,+3,+2,+1,0,-1,-2,-3,-4,-5)来衡量它们。

第三,考虑各项因素的加权计分。在各个因素的利弊得失之间,咨询者因身处不同情境而有不同的考量。因此,在详细列出各项考虑因素之后,应进行加权计分。对个人而言,重要的因素可乘以一至五倍分数。

第四,计算各个职业选项的得分。咨询者逐一计算各个职业选项“得”

(正分)与“失”(负分)的加权计分与累加结果,并计算各个职业选项的总分。

第五,排定各个职业选项的顺序。依据各职业选项总分的高低,排定优先次序。职业选项的优先次序可作为咨询者职业生涯决策的依据。

(三)决策树法

决策树法是利用概率论的原理,以一种树形图作为分析工具。它是用决策点代表决策问题,用方案分枝代表可选择的方案,用概率分枝代表方案可能出现的各种结果。通过对各种方案在不同条件下损益值的计算比较,为决策者提供决策依据。

如果决策树只在树的根部有一决策点,称为单级决策;若决策树不仅在根部有决策点,而且在中间也有决策点,则称为多级决策。

(四)理性决策(满意)模型——CASVE 循环

CASVE 循环是一种职业生涯规划决策技术,包括沟通、分析、综合、评估和执行五个阶段。它可以为职业生涯问题解决和决策制定提供指导。这一循环如图 5-1 所示。

1. 沟通

沟通阶段主要是识别职业理想与现实之间的差距。这些信息可以通过内部或外部途径进行传递。内部沟通包括情绪信号,例如不满、厌烦、焦虑和失望,还有身体信号,如昏昏欲睡、头痛、胃部疾病等;外部沟通主要是来自他人的询问及评价。

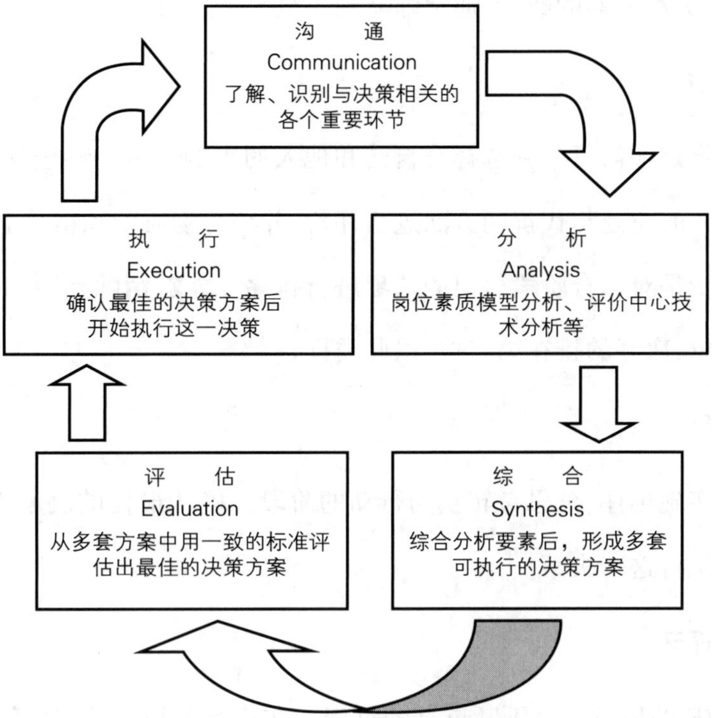

图 5-1　CASVE 循环

2. 分析

在分析阶段,决策者须花费时间思考、观察、研究,从而充分地了解不同选择的差距,并尽可能了解出现差距的原因。分析时,可运用岗位素质模型分析、评价中心技术分析等。

决策者在分析阶段要把各种因素和相关知识联系起来。例如,把已学知识和职业选择联系起来,把家庭和个人生活的需要融入职业选择中。

3. 综合

该阶段主要是综合和加工上一阶段得出的信息,从而制定消除差距的决策方案。其核心任务是:通过行动解决问题。

这是一个先扩大后缩小选择清单的过程。首先,尽可能多地找到消除差距的方法,发散思考每一种方法,甚至可以采用头脑风暴进行思维创造。

然后,减少决策方案的数量,通常缩减到 3 至 5 个选项。

4. 评估

第一步是评估每一种选择对自己和他人的影响。每一种选择都要从对自己和他人的益处与代价两方面进行评价,并综合物质上和精神上的因素。

第二步是对综合阶段得出的选项进行排序。能够消除差距的最好选项排在第一位,次好的排在第二位,以此类推。

5. 执行

这是实施选择、把思考转换为行动的阶段。确认最佳的决策方案后,决策者开始执行这一决策。

6. 再循环

CASVE 循环是一个不断重复的过程。在执行阶段之后,决策者又可以回到沟通阶段,以确定自己的选择是不是最优选择。

二、决策的流程与模式

生涯决策是人生必经之路,是大学生必须面对的择业关键一步。在生涯决策过程中,需要做好以下定位。

(一)自我定位

自我定位就是要了解自己的需要、特点和能力,并客观评价自我。自我定位首先应从自身实际出发,客观地分析、评估自己的文化素质、能力技术、性格特点、身体条件等,总结自身的特长、兴趣、爱好;其次应进行横向比较,将自己放于同班、同专业、同年级中进行比较,分析自身的综合素质以及在求职中的优势和劣势。通过纵向和横向的定位分析,找准自己的位置,明确进入社会的起点,避免自我定位过高或过低。

(二)行业定位

大学生要认真了解心仪行业的整体情况、发展趋势、对人才的基本要求,从而结合自身的实际情况,进行行业定位,避免盲目择业和无从择业的现象出现。行业的选择还受到家庭、个人理想以及社会舆论的影响。择业时应尽量避免不正确的舆论导向的影响,真正从社会需求出发,结合个人理想、兴趣以及实际能力作出理性的判断,而不是片面地追求热门行业和高薪行业。

(三)地域定位

地域定位是指大学生在选择职业时对于工作区域的考虑。不少大学生趋向于把经济发达地区和大城市作为自己工作的首选地。近几年,我国城镇化建设有了很大的发展,城镇和广大农村地区也有广阔的就业市场。同时,国家正在实施的乡村振兴政策、“三支一扶”政策,也提供了大量的就业岗位和发展机会。因此大学生在进行地域定位时,应多思考自己的能力、优势究竟在何处能得到较大的发挥,自己的发展空间在何地能得到较大的拓展,而不能仅仅着眼于经济发达地区和大城市。同时,也不要局限于一个城市、一个区域,以便情况改变时可及时调整方向。

(四)岗位定位

岗位的选择因人而异,它受个人爱好、能力、素质以及用人单位需求等因素的影响。大学生要在客观评价的基础上,根据自己的性格特点、优势劣势,对照用人单位的标准、条件、要求,实事求是地选择自己力所能及的岗位。

(五)收入定位

近期对高校毕业生的调查显示,收入是大学生进行职业选择的重点考虑因素。准确的收入定位应建立在对市场行情充分了解的基础上,综合考虑自身的素质、能力和岗位发展趋势后得出的收入期望值。不要仅仅从眼前待遇出发,要以发展的眼光来定位。

在完成上述几方面的准备工作后,并不等于就业会水到渠成,这仅仅是职业选择的一个开始。此外,大学生还应保持积极乐观的态度,具有诚信务实的精神,注意适时调整自己的择业定位,不断学习新知识、新技术、新技能,提高自己的综合素质,更新自己的知识与技能,未雨绸缪,为顺利实现就业做好充分而扎实的准备。

第三节　生涯决策的注意事项

一、职业生涯规划与社会需求相结合

只有把握社会对人才的需求,以社会需求作为出发点和落脚点,职业生涯规划才有现实性和可行性。

二、职业生涯规划与所学专业相结合

大学生在进行职业生涯规划时,应尽量以所学专业为依据。如果专业不对口,即使参加工作也得重新“补课”,这将在无形中增加自己的负担。

三、职业生涯规划与提高综合能力相结合

知识经济时代,各种技术、概念层出不穷,大学生要有广博的视野和不断创新的能力,才能跟上时代的脚步,应对各种挑战。

四、职业生涯规划与增强身心健康相结合

没有身心健康,理想就难以实现。在人生选择与实践中,大学生应培养和提高自己对挫折的承受能力和情绪调控能力,积极锻炼身体,以健康的体魄、正确的人生态度对待困难和挫折。

第四节 大学生就业观的误区

职业生涯规划直接影响到个人的长远发展,它决定一个人的收入、社会地位、成功机会、朋友社交圈甚至配偶的选择,因此必须慎之又慎。目前,大学生就业存在以下误区。

一、盲目选择、互相攀比

不少大学生择业时易受社会舆论所左右,盲目从众,追逐热门,不考虑自身条件、职业特点和社会整体需求,结果造成扎堆投报,既影响择业又浪

费了自己的优势。

二、职业目标太高、不切实际

不少大学生择业时易出现眼高手低、心气太高的情况，结果招聘会去了一次又一次，“高不成，低不就”，自然择业困难，挑了很久还没拿到录用通知书。

选择职业时，大学生应该从主客观结合的意义上考虑问题。工作必须“拿得起”，架子必须“放得下”，只有这样才能快速跑入“职道”。明确了职业发展方向之后，为了让自己进入职业前进专列，实现自我价值，要脚踏实地地工作，不要眼高手低。

三、茫然无措、顾此失彼

知己知彼，方能百战百胜。在校园招聘开始之前，总有些应届毕业生故作“清高”，不屑于掺和进来，等到大家都拿到录用通知书后，才发现自己已被现实所“抛弃”。

应届毕业生可利用招聘会现场的有利条件，与招聘人员积极主动沟通。在投递简历前，先仔细阅读招聘岗位的具体要求，然后对照自身条件、职业目标，考虑有无成功的可能性。

第六章　明确目标与制订规划

第一节　合理设定生涯目标

一、设立目标的重要性

目标是个人或组织在未来一段时间内所要达到的成果。目标是欲望的具体表现形式,是一切行动的源动力。企业目标是企业为完成使命,在一定时期内需要达到的特定业绩目标。现代管理学之父彼得·德鲁克(Peter Drucker)认为:“企业唯一有效的目标就是创造顾客。”一个毫无目标的人,即使活得再精彩,内心也是虚无的。

首先,目标是所要追求的结果,没有目标就没有收获。

耶鲁大学曾对智力、学历等其他条件都差不多的学生就目标对人生的影响进行过一项长达25年的跟踪研究。研究结果如下:

27%的人没有目标,他们生活在社会的最底层,过得很不如意;

60%的人目标模糊,他们生活在社会的中下层,并无突出成就;

10%的人有清晰的短期目标,他们生活在社会的中上层,在各自的领域取得了不错的成就;

3%的人有清晰的长期目标,他们成为各领域的顶尖人士。

其次,目标是灯塔,指引着个体前进的方向。目标是个体努力奋斗的理由。没有目标或者失去目标,个体就没有着力点,到头来终将一事无成。

再次,目标清晰可见,有助于焕发激情、激发潜力。

目标是将动机落实到行为的驱动力,是一切行动的源动力。正是实现目标的欲望,激发着个体的潜力。

美国 NBA 传奇人物比尔·罗素(Bill Russell)有保留自己评分卡的习惯。他在打完每一场球之后,都用一张满分为 100 的评分卡为自己评分。在他的篮球生涯中,他从来没有得过 65 分以上。很多人说:"可怜的罗素,打了 1200 多场球赛,从来没有达到自己的标准!"然而,就因为他拼命要达到自己的标准,使他成了最杰出的篮球运动员之一。

若没有目标或失去目标,人往往就会茫然无措。

最后,以结果为导向,时刻关注目标,能让我们少走弯路。

"将军赶路,不追小兔。"任何工作活动,都要有清晰的目标。有了清晰的目标,我们就会把自己有限的时间和精力用到该用的地方,进而调动所有的能量,挖掘所有的潜力,全力以赴地为实现目标而努力。

二、目标的分类

就性质来说,生涯目标可以分为内职业生涯目标和外职业生涯目标。内职业生涯是内部因素,外职业生涯是外部因素。只有内部因素与外部因素有效结合,职业生涯规划才能有效实施和执行。

内职业生涯是指个体从事职业时所具有的知识、观念、心理素质、能力、内心感受等因素的组合及其变化过程。内职业生涯各项因素需要个体通过学习、研究等方式不断完善,是真正的核心竞争力,也是个体生涯发展的原动力。内职业生涯的完备,将为外职业生涯打下良好的基础。

外职业生涯是指影响个体从事职业时的外在因素的组合及其变化过程。外职业生涯目标一般是具体的,包括工作单位、工作职务、工作内容、工作环境、工作地点、工作待遇等。它侧重于职业生涯的外在标记,强调外部环境和外部条件。外职业生涯发展是以内职业生涯发展为基础的。

职业生涯目标可以分为人生目标、长期目标、中期目标与短期目标,它们分别与人生规划、长期规划、中期规划和短期规划相对应。一般来说,我们首先要根据个人的专业、性格、气质和价值观以及社会的发展趋势确定自己的人生目标和长期目标,然后根据个人的经历和所处的组织环境制定相应的中期目标和短期目标。

(1)人生规划:整个职业生涯规划,时间长至40年左右,设定整个人生的发展目标。

(2)长期规划:5~10年的规划,主要设定长远的目标。

(3)中期规划:2~5年内的规划,明确这一阶段的目标与任务。

(4)短期规划:2年以内的规划。

在确定以上职业生涯目标后,就要制定相应的行动方案,把目标转化成具体的措施。这一过程中比较重要的内容有职业生涯发展路线的选择、相应的教育和培训计划等。

三、目标设定的原则

根据目标管理原则,好的目标应该符合 SMART 原则,即具体性(Specific)、可衡量性(Measurable)、可达成性(Achievable)、实际性(Realistic)和时限性(Time-constrained)。

(一)S——具体性

具体性就是要用具体的语言清楚地说明要达到的目标。明确的目标几乎是所有成功团队的一致特点。很多团队失败的重要原因就是目标定得模棱两可,或没有将目标有效地传达给团队成员。

例如,把目标设定为“增强客户意识”。这种对目标的描述就很不明确,正确的做法是描述增强客户意识的具体做法。如:减少客户投诉,过去客户投诉率是 3%,现在要把它降低到 1.5%;提升服务的速度,三天之内必须给客户回复解决方案;使用规范礼貌的用语,等等。

(二)M——可衡量性

可衡量性就是指应该有明确的数据能衡量是否达成目标。但需要注意的是,并不是所有的目标都可以衡量,例如大方向性质的目标就难以衡量。

(三)A——可达成性

目标是要能够被执行人所接受的。如果领导者利用一些行政手段,利用权力一厢情愿地把很高的目标强压给下属,下属典型的反映是一种心理和行为上的抗拒。因此,领导者应该更多地听取各方对目标制定的看法和建议，确保目标具有可达成性。

（四）R（Realistic）——实际性

实际性是指在现实条件下目标是否可行、可操作。实际性需要团队领导衡量，可能存在两种情形：其一，领导者乐观地估计了当前形势，低估了达成目标需要的条件，包括人力资源、硬件条件、技术条件、系统信息条件、团队环境因素等，以至于定了一个高于实际能力的目标；其二，可能花了大量的时间、资源进行调研，最后确定的目标没有实际意义。

（五）T——时限性

时限性是指目标的完成是有时间限制的。没有时间限制的目标没有办法考核，容易导致考核不公平。

四、如何确定目标

大学生正处在生涯探索的关键阶段，面临着许多关乎未来发展的重大抉择。大学生的职业生涯规划主要是通过探索生涯认识，逐步认清生涯发展的方向来完善的。

美国伊利诺伊大学教授斯温根据个人特质的价值澄清、教育与职业资料、个人与环境的关系三个方面，提出了生涯规划的三角模式（如图 6-1 所示）。

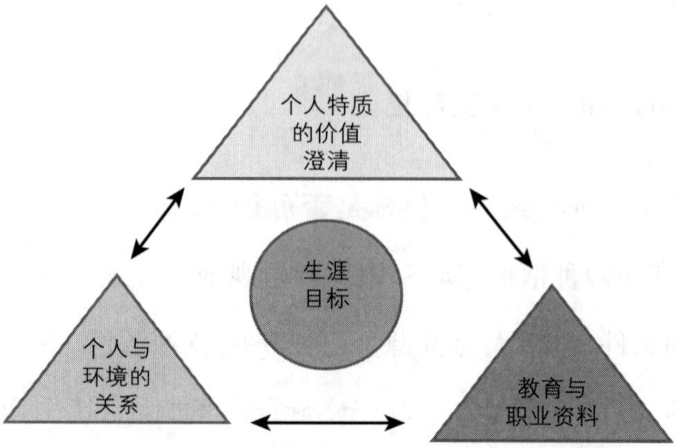

图 6-1　斯温生涯规划模式

个人特质的价值澄清涉及个人需要、兴趣、能力以及价值观等。了解自己,是生涯规划或职业选择的基本要求。个体可以通过生涯的探索活动、自我评价和心理测评等方式来实现。

教育与职业资料是整个职业生涯目标决定过程中不可缺少的重要部分。缺乏对职业世界的了解却想做好职业选择,是不切实际的。个体的职业认知常受到固有印象的影响,如他人、舆论对职业的评价等。还有的职业因为一字之差,其内容、性质和发展有很大的差别。因而资料的收集和正确的梳理,是决定职业目标的重要依据。

个人与环境的关系主要是考察影响职业规划的环境因素,尤其是社会文化与机会因素。这些因素通常是个人无法掌握和控制的,如社会发生的重大事件、经济是否景气等。我们不可能改变社会和组织环境,因而我们需要有良好的环境适应能力,主动协调自己与环境的关系。

斯温将复杂的生涯理论以简单明了的图形呈现出来,使生涯规划有架构可循。即使如此,由于每个人的客观情况不同、主观判断不同,考虑每一个三角形的所占比重时侧重点会不同,因此产生不同的生涯决定。每个人的生涯目标由此呈现出独特性与原创性。

第二节　设计生涯发展路线图

如果只知道一味地朝目标前进,而没有周密的计划,实现目标的过程会变得十分艰辛。因此,我们应按照目标的优先级别,分解目标,做好行动计划,制定时间表。

工作计划就是对即将开展的工作的设想和安排,如提出任务、目标、完成时间和步骤方法等。工作计划应条理清晰、简洁明了,表述清楚具体实施过程中的每一个要素(一般为“5W1H”),以及所能调动的资源。“5W1H”是指:做什么(What)、为什么做(Why)、何时做(When)、在哪做(Where)、谁来做(Who)和怎样做(How)。其中,最重要的就是明确任务、结果标准,落实责任人及完成期限。同时,为了应对未来的不确定性,可以准备好其他备用计划。

一、路径设计模式——PDCA 循环

PDCA 循环的概念最早是由美国质量管理专家戴明提出来的,所以又称为“戴明环”。PDCA 代表的含义如下:

P(Plan)——计划。包括方针和目标的确定以及活动计划的制订。

D(Do)——执行。完成具体工作,以实现计划的内容。

C(Check)——检查。检查计划执行的结果,明确效果,找出问题。

A(Action)——行动。对检查的结果进行处理。

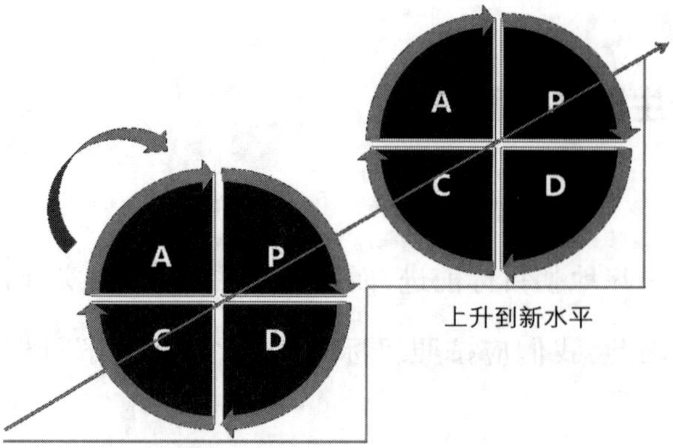

图 6-2 PDCA 循环

在实施的过程中,可能会出现一些之前无法预测的问题。例如,目标实施的环境、条件、资源等发生变化,此时要根据实际情况对目标进行调整和反馈。

二、生涯规划的特点

(一)预见性

制订生涯规划要对未来一段时间的工作情况作出科学的预见,对各种可能出现的情况,有一个清醒的认识。没有科学的预见,就没有科学的规划。

(二)可行性

制订生涯规划,是为了达到目标。对未来的预测,应建立在客观实际的基础上,使规划具有可行性,切忌盲目地、无根据地制订规划。

（三）指导性

制订任何一项生涯规划，必须明确在一定的时间内完成什么任务、获得什么效果，这是工作的方向和依据。因此生涯规划应该具有很强的指导性、规范性和约束性。

（四）可变性

如果在生涯规划执行的过程中，客观情况发生了变化，就要适时地对其进行调整。因此生涯规划既要有指导性，也要有可变性。

三、如何撰写生涯规划书

（一）生涯规划书结构

一般的生涯规划书结构如下：

(1)分析内外部环境（背景）；

(2)确定工作目标（任务）；

(3)制定行动（工作）方案，包括工作要求、内容、途径、措施等；

(4)制定资源配置方案，包括执行人、资金预算、物资配备、完成时限等。

注意：重要的工作方案在开始的部分通常要写明工作的指导思想。

（二）生涯规划书内容

生涯规划书内容一般包含以下五点：

自我分析：自我分析主要是指在对自己的心理素质、人格特征、学识能力进行测评的基础上,结合自己的兴趣爱好以及过往的经历等加以综合评价,给自己“画像”,即从主观和客观上深入了解自己。

外部环境分析:外部环境分析要求个体全面、客观、准确地分析和了解自己所处的和将要面临的环境,即对社会、职业、前景、现有条件和机会等进行分析。

目标的设定和实现:首先,设定职业目标,即在自我分析及外部环境分析的基础上,明确自己的职业定位。其次,制订一系列行动计划及实现目标的策略,即通过各种积极的具体措施与行动来实现职业生涯目标。

评估调整:生涯规划是一个动态的过程。个体在生涯规划过程中要根据实际情况总结经验和教训,修正对自我的认知和对最终生涯目标的设定。

第三节　大学阶段生涯进度安排

针对个人特点进行职业规划,确定未来发展方向,对于大学生来说格外重要。大学生要根据职业生涯规划理论与原则,掌握正确的生涯设计方法,通过具有前瞻性的生涯设计,为主动迎接未来职业发展做好充分准备。

大学生及早制订属于自己的生涯规划是十分必要的,而制订生涯规划也需要遵循一定的原则。大学生的生涯并不是单一的静态过程,而是一系列动态过程。生涯目标并不是一次成型的,而是不断发展的。随着身心的发展和环境的变化,大学生要不断调整生涯目标,以探究生涯的意义,并为寻求生涯意义而努力奋斗。

大学生的生涯规划通常可分成预备期规划、分化期规划、求职期规划与过渡期规划。

一、预备期规划

预备期规划要求大学生高度重视生涯规划的意义，并迅速掌握生涯规划的方法，以便正确地作出职业选择。

二、分化期规划

大学生要根据自己的时间和精力，在分化期尽快考取目标职业需要的证书，设法进行与目标职业相关的社会实践。

[微型案例]

毛明亮同学的选择

某高校计算机专业的毛明亮同学已经是大四的学生了。因为他已经决定考研，所以没有找工作。由于他成绩相当好，所以并不担心落榜。但说起考研的事，他仍然一脸茫然。原因是他并不喜欢计算机软件开发，只是当年填报志愿的时候，计算机专业非常热门，而自己的分数又刚好可以进入这所重点大学的计算机专业。令人不解的是，他虽然不喜欢计算机专业，可现在仍然在备考该专业的研究生。问起原因，毛明亮同学说："我不知道自己还可以选择什么专业。"

你同意毛明亮同学的做法吗？对此你有什么建议？

三、求职期规划

大学生应认真盘点自己的优势,找到自己的核心竞争力,并体现在求职材料上,运用于求职面试中。

四、过渡期规划

已签约单位的学生应善始善终地把学校教学计划中安排的每一门功课、每一个教学环节学习好,特别是毕业论文写作和实习环节,为成为优秀的新员工提前做好准备。

第四节　毕业后发展蓝图设想

掌握毕业后规划实施的方法,可以增强大学生的预见性和实现生涯目标的信心。在探讨大学阶段生涯规划实施的时候,本书已经运用计划期的方法进行叙述。对大学毕业后的生涯规划,本书按时间顺序先分析各阶段人们容易遇到的问题,以及在此期间人们的显著角色是什么,然后把各阶段的共性问题归纳到一起,最后探讨个人发展和环境的关系。

一、阶段性问题和显著角色扮演

人的工作生涯大约要经历 40 年的时间,员工处在不同阶段会面临不同的生涯问题，如新入职员工与立业期员工就会面临不同的阶段性问题。不过从整体上说，处于同一阶段的员工往往会出现类似的问题。在各个阶段，个人要扮演的角色，包括显著角色也不尽相同，如女性在生育之后一两年时间内，显著角色是持家者。

［**微型案例**］

徐华的现实震动

徐华是上海某大型企业的一名年轻的工程师。3 年前，她从一所名牌大学毕业后来到这家已经有 70 多年历史的知名企业。这家企业属于传统产业，职工多为上海本地人，平均受教育程度并不是很高。想起进厂第一年的情景，她还颇为感慨。当时她背负名牌大学教育赋予的使命感，带着年轻人的朝气来到这家企业。在工作中，她很快就发现一些同事存在“很多不足”，便心直口快地一一说了出来。开始的时候大家还能接受，但时间一长、次数一多，同事都开始讨厌她，大家不自觉地孤立她。这样一来，她开始受不了了，于是打报告给领导，要求调动。

领导调查后知道了事情的原委。对她的同事，领导要求他们做人要有肚量，要关心新来的员工；对她，领导则说：“你要学会理解上海人的文化和习惯，他们和东北人有许多不同，包括说话的方式、处理问题的方式。你也要理解周围的同事，我们鼓励大家提出建议，但也要注意方式，以便别人可以更好地接受。”此后，经过双方共同努力，终于化解了危机。

点评：徐华的苦恼被称为现实震动现象。现实震动是在就业初期，新员工的工作预期与现实出现各种矛盾产生的结果。从社会学角度来看，这实际上是新员工在组织化过程中出现的问题。

现实震动既有来自组织的原因,如招聘中披露的信息不全面或不真实、岗位职责不清、管理者对新员工关心不够等,也有来自新员工个人的原因,如太理想主义、缺乏社会经验等。

不管是什么原因,现实震动的影响都不容忽视。大学生在遇到现实震动的时候,应首先反思自己的问题,并加强与同事和领导的沟通。

二、寻找生涯探索期生涯锚

在进入职场的最初几年,年轻人需要确认目前的职业选择,或者重新进行职业选择。这需要通过相对频繁的轮岗,甚至职业转换来获得体验,通过比较来确定自己的生涯锚类型。

[微型案例]

“辉煌”后的困惑

刘芳是一位精明能干的女性, 30 多岁已经是一家大型快消品制造企业的营销分公司的经理,跑遍了全国几乎所有的省份。但她忽然有一天来到职业生涯咨询公司咨询,原因是她不知道为什么要做现在的工作,对营销工作很厌倦,不知道将来应该朝什么方向发展,个人的婚事也没有时间考虑。作为一所三本院校的毕业生,她很想利用在上海工作的机会再读一个研究生专业,已经到上海交大咨询过,但读什么专业呢?读书对个人婚姻和未来事业的影响又是什么呢?这些她都很困惑。

点评:刘芳 30 岁之前没有明确自己的生涯锚,也没有扮演好应该扮演的角色。按照之前介绍的舒伯的生涯彩虹图,这一期间的年轻人要扮演的角色很多，包括工作者角色、公民角色、家长角色等。其中，工作者角色和家长角色应该是这一时期的显著角色。这两个显著角色对于个人日后的生涯发展和家庭生活都有重要的影响。前一角色扮演成功，可为以后的发展奠定良好的基础；后一角色扮演成功，可大大减少工作与家庭的冲突，使个人放心地投入生涯发展中。

三、立业期的纵向发展

处于立业期的个体，已经找到生涯锚，方向十分明确，能够专注于所选职业领域的纵向发展，不再左顾右盼。这是个体职业生涯中发展最迅速的时期。

但正是由于这一时期成长迅速，备受关注，因此个体容易受到外界干扰。此时个体应专心在自己的生涯锚领域向前发展，不要为眼前的利益所诱惑，要学会为自己的发展争取更多的资源、更多的支持。对于很多人来说，这一时期的显著角色是工作者角色，这一角色扮演得成功与否，不仅影响工作者的职业生涯，也影响其他角色的扮演，如家长角色、休闲者角色、公民角色等。

四、生涯中期的高原以及转变

经过立业期，大多数人都能够在组织中（或在跨越组织中）取得快速发展，并且达到个人天赋及组织结构所能够提供的较高层次。此时，个人的潜力已基本展现出来，因而发展速度明显放缓，甚至其外生涯的主要形式——

岗位晋升在较长时期也会保持不变,出现所谓的生涯高原现象。

生涯高原是生涯通道上的一个点,在这个点上,人们继续晋升的可能性不大。生涯高原可能发生在生涯任何一个阶段,多发于生涯中期。处于生涯高原的人,可能出现失望、烦躁、情绪低落等心理反应,甚至会出现生产率下降、进取性下降、意志消沉、难以激励等现象。

这一时期是个人生涯发展曲线的一个转折期。我们对生涯高原要有心理准备,认识到这是一种必然现象。不同的人在这一阶段的显著角色可能有所不同。虽然工作者的角色仍然是大多数人的显著角色,但部分人的休闲者角色也可能和工作者角色并驾齐驱。

五、生涯后期的退休准备

即将退休的人存在的生涯问题主要在于如何继续为组织作出贡献,并为退休做好准备。这一阶段的人的显著角色各不相同,不过多数人可能已经是休闲者了。他们通常希望组织能增加工作时间的弹性,并对完成任务保持谨慎的态度。

PAPT 04

生涯准备篇 >>>

——机会只留给有准备的人

第七章　培养健全人格

第一节　人格和健全人格的内涵

一、人格的定义

人格是人的性格、气质、能力等特征的总和。人格的组成特征因人而异,每个人都有其独特性。这种独特性使每个人面对同一情况都可能有不同反应。人格心理学家研究人格的形成原因及构成特征,从而解释人格对塑造人类行为的影响。

人格是个人带有倾向性的、本质的、比较稳定的心理特征。一个人的人格表现在知、情、意等心理活动的各个方面,包括个人的认知能力的特征、行为动机的特征、情绪反应的特征、道德价值的特征等,是具有动力一致性和连续性的自我。

二、人格的特征

(一)独特性

一个人的人格是在遗传、环境、教育等因素的相互作用下形成的。不同的遗传、生存及教育环境,使人们具有不同的心理特点。但是,人格的独特性并不意味着人与人之间的个性毫无相同之处。在人格的形成与发展中,既有生物因素的作用,也有社会因素的作用。人格是共同性与差别性的统一,是生物性与社会性的统一。

(二)统合性

人格是由多种因素构成的有机整体,具有内在的一致性,受自我意识的调控。人格统合性是心理健康的重要指标。

(三)功能性

人格决定一个人的生活方式,甚至决定一个人的命运,因而是人生成败的根源之一。当面对挫折与失败时,坚强者能发愤拼搏,懦弱者会一蹶不振,这就是人格功能的表现。

(四)稳定性

人格具有稳定性。个体在行为中偶然表现出来的心理倾向和心理特征并不能代表他的人格。俗话说,“江山易改,禀性难移”,这里的“秉性”就是指人格。人格的稳定性并不意味着它在人的一生中是一成不变的,随着生理的成熟和环境的变化,人格也有可能产生变化。因此,人格是稳定性与可塑性的统一。

三、健全人格的相关研究

人格心理学发轫于弗洛伊德,成型于20世纪30年代。作为新兴的交叉学科,人格心理学一直在推陈出新,受到越来越多的学者关注。

健全人格是指各方面都处于优良状态下的理想化人格,是各种良好人格特征在个体身上的集中体现。虽然人格的发展以遗传为基础,但后天的环境因素才是影响人格健康发展的关键。学校教育作为影响人格发展的四大因素之一,对促进学生的价值观、自我控制、自信心、创造性等人格特点的形成与发展有非常重要的作用。

国内外学者都对健全人格做了研究。部分心理学家认为个体具有以下九种心理特质即为心理健康:幸福感,这是最有价值的特质;和谐,包括内在和谐与环境的和谐;自尊感;个人的成长;个人的成熟;人格的统整;与环境保持良好接触;在环境中保持有效适应;在环境中保持相对独立。

阿尔伯特提出人格健康的六条标准:力争自我的成长;能客观地看待自己;人生观的统一;有与别人建立和谐关系的能力;能获得所需的能力、知识和技能;具有同情心和对一切生命的爱。

心理学家弗洛姆提出"创发者"模式,他认为"创发者"有四个特征:创发性爱情、创发性思维、有真正的幸福感、以良心为定向系统。

心理学家白博文提出健康人格的条件:自知之明、自我统整、良好的人际关系、乐观进取的工作态度、明达的人生观。

心理学家高玉祥认为,健全人格的特点有:内部心理和谐发展;能够正确处理人际关系,发展友谊;能把自己的智慧和能力有效地运用到工作和事业上。

心理学家黄希庭认为,自立、自信、自尊、自强不仅是具有我国文化传统的人格特征,也是健全人格的基础。

大学生健全人格包括以下几个方面的内容。

一是自我悦纳,接纳他人。人格健全者能够积极地开放自我,正确地认识自己,坦率地接受自己的局限并对生活保持乐观的态度。

二是人际关系和谐。人格健全者心胸开阔,善解人意,尊重自己也尊重他人,对不同的交往对象表现出合适的态度,既不狂妄自大,也不妄自菲薄,在人际关系中具有吸引力,深受大家的喜欢。

三是独立自强。人格健全者生活态度积极热情,有正确的人生观与价值观,能够坚强面对生活中的困难。人格独立,自信自强。

四是能够发挥自己的潜能。人格健全者具有自我发展、自我塑造与自我完善的能力,能够充分开发自身的创造力,发现生命的意义并选择有意义的生活。

五是具有一致的人生哲学。人格健全者具有良好的专业知识与技能,着眼于未来,有长期的奋斗目标和工作计划,为一定的目的而生活,有自己的人生信念和人生哲学。

第二节　常见的人格发展问题及调适

健康的人格是培养出来的,学校需要通过素质教育对大学生和谐的人际关系、良好的社会适应能力、乐观向上的生活态度、正确的意识向度、良好的情绪控制能力和创新能力进行培养。不健康人格主要表现为过度的焦虑、自闭和以自我为中心,具体特征有:自卑、懒惰、拖拉、粗心、鲁莽、急躁、悲观、孤僻、多疑、抑郁、狭隘、冷漠、骄傲、虚荣、焦虑、冲动、脆弱等。这些心态不仅影响大学生的学习和生活效率，妨碍正常的人际关系，同时还会给人蒙上一层消极、阴暗的色彩。

一、悲观

悲观是一种不健康心理，对人尤其是朝气蓬勃的大学生伤害极大，应引起大学生的重视。

德国心理学家皮特·劳斯特提出了改变悲观心态、培养乐观心态的10种调适方法：

(1)不要过于担心，越担惊受怕，就越易遭灾祸；

(2)即使处境危难，也要寻找积极因素；

(3)以幽默的态度来接受现实中的失败；

(4)既不要被逆境困扰，也不要幻想出现奇迹，要脚踏实地，坚持不懈，全力以赴去争取胜利；

(5)不管形势多么严峻，都要努力去发现有利的条件；

(6)不要把悲观作为保护失望情绪的缓冲器；

(7)即使失败了，也要想到你曾经多次获得成功；

(8)努力接近乐观的人，观察他们的行为；

(9)要知道，悲观不是天生的；

(10)如果乐观态度使你成功了，那么你应该相信这样的结论：乐观是成功之源。

二、激惹

大学生血气方刚，遇事容易激动，为了克服激惹的缺点，心理学家提出以下几种调适的方法：

(1)遇事学会“延迟反应”，在行动前多思考，而不是行动后才后悔；

(2)多注意自我修养，养成抑制冲动的习惯；

(3)在日常生活中培养谨慎、自制、耐心和有条理的品质。

三、多疑

“多疑”这种心理状态在生活中往往不易引起人的注意。有多疑人格的人往往人际关系紧张，对他人言行过分敏感，自己也会经常陷入苦闷的消极心理中。

如果出现了多疑心理，大学生可以运用以下方法进行调适：

(1)敞开心胸，培养豁达心态；

(2)学会有效的人际沟通；

(3)产生怀疑时不要马上表露在行为上，应多留心观察你怀疑的人和事。

四、害羞

“害羞”这一心理在涉世未深的大学生尤其是女大学生身上很常见。一般说来，自我保护心理过强的大学生容易出现害羞心理，他们往往具有以下特点：

(1)与人交往过于谨小慎微；

(2)过于自我关注，自尊心过强；

(3)自信心不足。

害羞心理的产生和一个人的气质类型有关系，黏液质与抑郁质类型的人容易出现此心理。但更多的是受后天因素的影响，如家庭要求过严、常受贬损等。大学生可以运用以下方法进行自我调适：

(1)放下沉重的思想包袱；

(2)不要过分在意别人的议论和评价；

(3)增强自信心；

(4)有意识地锻炼自己。

五、嫉妒

大学生生活在同龄青年群体中，这种环境充满天然的竞争意识。大学生之间相互比较、追逐的气氛较浓。

适当的竞争意识是有必要的，但注意不要上升为嫉妒。要克服嫉妒心理，大学生可以运用以下方法进行调适：

(1)学会宽容，有容乃大，宽容是一种美德；

(2)改变思维方式，发现自己的长处。

六、自卑

造成自卑的原因很复杂，既有个人心理方面的原因，也有家庭、学校和社会因素的影响。

大学生如何走出自卑的阴影呢？心理学家建议采用以下调适方法：

(1)正确认识自己；

(2)悦纳自我；

(3)积极与他人交往；

(4)体验成功,建立自信。

近年来,不断发生的大学生犯罪事件向全社会发出了预警。这些事件说明当下我国高校在大学生培养和教育模式上,还偏重于知识灌输,对大学生综合素质,尤其是健康人格的培养重视不够,大学生素质教育无法适应社会发展的需要、就业市场的需求。在学习、生活、就业等方面,大学生面临着诸多矛盾和困惑,不同程度地存在着政治信仰迷茫、理想信念模糊、价值取向扭曲、诚信意识淡薄、社会责任感缺乏、艰苦奋斗精神淡化、团结协作观念较差、心理素质欠佳等问题,迫切需要给予正确的引导与培养。

第三节　如何培养健全人格

健全人格是大学生心理健康的基础,在大学阶段塑造出适应时代、适应社会的人格素质是非常必要的。

一、培养健全人格的原则

(一)自我认可原则

所谓自我认可,是指对自己有较为准确的了解,能客观地认识和评价自己，既了解自己的能力和才干，又承认自己的不足和受限因素。

对自己不足的承认，并不是向消极因素低头。自我认可是力求发扬光大自己的能力和才干，主动对自己的不足进行自我批判和自我教育，努力地避免、克服和改正。

真正的自我认可并不是夸大自己的作用和能力，而是根据自己的天赋、体格、实际的能力和才干，以及现实条件来确定自己的人生目标，以成就自己。

（二）适应原则

所谓适应原则，是指一个人能在和由多种因素组成的环境发生相互作用的过程中，完好地保持自身生理、心理和社会行为的适应性与完整统一性。

人对现实世界的适应行为，从广泛的意义上来说，是对人的整个健康状态的描述，涉及人的生理、心理和社会的各个方面。因此，健康人格的适应原则，体现着人格结构的整体性。

适应原则在主观方面表现为一种满意、愉快的心理体验和心境。有较强适应能力的人，对自己的生活和工作总是抱着一种乐观的态度，对人生的旅途有较强的自信心，能够清醒、理智地面对现实，积极地接纳自己，坦然面对种种生活事件，克服内心的不确定性，不会因为不顺心的事而感到焦虑不安，产生挫折感。他们能使自己保持一种坦然享受人生的态度。

适应环境，并不意味着与现实世界保持完全一致，而是指个体在目的、能力同现实之间，保持一种创造性的联系，使自己同现实环境协调发展。这体现出一个人在身体健康、智慧、灵性等方面的素质，以及一个人对现实的认识。

(三)平衡原则

即使人格健全的人,有时也会因为各种各样的障碍或干扰而产生挫折心理,进而导致身体上的不适和精神上的紧张、焦虑。所谓平衡原则,就是指在看待人的关系和事件时保持平和、灵活和全面的心态。它要求一个人有预见挫折、威胁和冲突的能力,善于平稳自身与环境的关系,正确处理与他人、与社会的关系,保持与社会良好的接触,客观地分析、评价得失,使自己的思想、信念、目标、行动能跟上时代的发展。

平衡原则还要求现代人能够保持自己的人格要素——自我观念、思维方式和行为方式的平衡性。在通常情况下,人格要素之间有着很强的内在联系,个体要使它们保持一致。平衡原则进一步要求,人在遇到挫折、威胁、冲突的时候,能够把自己的需要、愿望、思想、目标和行动同作为人格核心的自我观念统一起来。

二、大学生培养健全人格的方法

大学生健康人格的塑造,需要社会、学校、家庭和大学生自身的共同努力,最关键的还在于大学生自身。

大学生可采取以下方法和途径培养健全人格。

(一)学习丰富的知识

学习科学文化知识、增长智慧的过程也是塑造和优化人格的过程。在现实生活中,不少人产生人格缺陷的原因都是知识的贫乏。无知容易使人粗俗、自卑,而丰富的知识则使人明智、自信、坚强、谦和、大度等。

(二)树立积极向上的人生观,设定符合自身能力的奋斗目标

正确的人生观、价值观和世界观能够使大学生对社会、对人生形成正确的认识和看法。当遇到困难或挫折时,他们能够正确地分析事物,采取合理的态度和行为,稳妥地处理事情。这样的大学生更容易形成心胸开阔、乐观开朗的人格品质,更有利于保持心理健康。

(三)面向社会,勇于实践

具有创新精神和实践能力是对当代大学生的素质要求,也是健康人格的重要组成部分。社会实践活动是大学生人格塑造的一个重要途径。相关研究证明,在大学期间经常参加社会实践活动的大学生通常具有头脑灵活、思路开阔、独立性强、善于交往、自信、果断等良好的人格特征。这些学生的知识面广、社会经验丰富,毕业后大多能很快适应新的工作环境。

(四)从小事做起 ,培养良好习惯

人格培养要从眼前的事情做起。一个人的行为往往是其人格的外化。小事同样具有塑造人格的意义,做好许多件小事便是“聚沙成塔”,于不知不觉中使人形成优良的人格。

(五)建立良好的人际关系

人格发展的过程也是个人社会化的过程。人格在集体中形成,集体是个人展现人格的平台,也是认识自我的一面镜子。首先,大学生应该关心他人,与他人建立和谐的人际关系,了解他人的需求,解决他人的困难,体察他人的喜怒。通过关心他人,培养助人为乐的好品格。其次,大学生应真诚与

他人进行交流。真诚友好而有度地开放自己,达到与他人心灵的沟通,是建立良好人际关系的基础。

健全的人格是心理健康的标志。重视人格的培养,既是健康的需要,也是发展的需要;既是当下的需要,也是未来的需要。大学生要充分认识到健康人格对自身发展的必要性,充分发现自己的长处,承认自己的不足,勇敢地面对挑战,不断地完善自己,促进健全人格的形成。

第八章　坚持终身学习

第一节　终身学习的概念与意义

一、终身学习的概念

学习是一种既古老而又永恒的现象。在古代,“学”与“习”总是分开讲的。最早把“学”与“习”联系起来的是孔子,《论语》曰:“学而时习之,不亦说乎?”按照孔子等中国古代教育家的看法,“学”乃“仿效”也,通过观察、模仿、复制、内化来获得知识;“习”乃“复习”“练习”也,即通过复习巩固提升个体的能力,以便适应现实的自然环境和社会环境。“学”偏重于思想理论领域,“习”偏重于行动实践方面。学习就是获得知识、掌握技能,获得适应环境、改变环境的能力的过程。

终身学习是指个体为适应社会发展和实现自身发展的需要,贯穿于人的一生的、持续的学习过程。它激励人们去获得知识与技能,并在任何时候都能有信心、有创造地应用它们。

终身学习的主要内涵有以下几点:

(1)学习是一种生存方式。在终身学习视域里,学习活动突破了教育范畴的限定,它不仅是一个涉及教育的问题,同样也是一个关于生存的问题。终身学习成为一种至关重要的生存责任,也成为人在未来社会中的一种生存方式。

(2)尊重学习者的主体性。责任性、能动性、创造性在人的成长与社会发展中备受关注,在教育过程中越来越显示其价值。在教与学的矛盾之间,后者开始占据更加突出的地位。因此,在终身学习的旗帜下,“受教育者”这种对象式的表述不再受用,而“学习者”这一主体性的称谓日益盛行。

(3)学习是一个全面展开的过程。学习不仅是持续一生的过程,还是需要从多方面展开的过程。社会变化提供给人们的发展课题是多样的,个人成长的发展任务是多元的。

(4)学习是一个全方位实施的过程。终身学习不限于家庭、学校、文化中心或企业等,可以发生在人类活动的所有空间。

(5)学习的目的在于建立自信和掌握技能,适应社会的变化。终身学习是一个持续不断的过程。通过这个过程,个体在面对社会急剧变化所形成的新挑战、新任务、新情况和新环境时,能满怀信心、愉快而自如地学习知识、运用知识、驾驭知识、创造知识。

二、终身学习的意义

(一)知识经济时代的要求

计算机和现代通信技术的快速发展使知识的更新速度变得越来越快。

随着社会的进步和发展,信息时代的核心竞争力已经发展为学习力的竞争。唯有掌握更多的信息、提升学习的速度、提高学习的能力,个体才能在当今社会有立足之地。

(二)提升竞争力的关键

成年人慢慢被时代淘汰的主要原因不是年龄的增长,而是学习热忱的减退。在现代社会,知识的学习可以说是无止境的。人只有 4 年时间在大学里,却有 40 年在职场。就一个人一生所学的知识来说,大学里学到的只是未来能用的 5%,另外 95%的知识都必须在职场中不断获取。

(三)促进职业发展

传统培训较少考虑职工的个性,只是依据统一的标准、要求、进度、内容进行培养。这样培养出来的职工必定是缺乏个性特点的“标准件”,无个性的职工是无法适应社会多样化的要求的。

终身学习思想要求尊重每个职工的个性和独立选择,鼓励每个人在职业生涯中选择适合自己的学习方式,以便通过主动自发的学习得到良好的发展。例如,在职业生涯的初级阶段,职工的精力旺盛,善于接受新事物、新信息,勇于开拓,敢于创新。在这个阶段,企业应该从长远发展考虑,培养职工的创新意识和超前意识,为企业发展注入活力。在职业生涯的中期阶段,职工已富有经验,企业可从目前的状况着眼,本着“干什么、学什么、缺什么、补什么”的原则,关注职工的工作与培训,提升职工的整体素质,这与企业发展息息相关。

终身学习思想突破了传统思想的束缚,鼓励人们利用一切学习资源,在生活中、工作中不断提高自己的综合素质,为将来迎接更大的挑战做好准备。

第二节　大学学习的特点和规律

大学的教学体制、方法与中学有明显的不同,教学模式也从以教师为主导变成以学生为主导。基于这一变化,大学生应掌握适合自己的学习方法,使自己的专业知识以及各方面的能力都得到提高,从而充分地发展自我、展现自我。

一、现代大学的学习观

学习的根本任务是发展和改变自己,个体的学习观念对其学习生涯有着重要的影响。现代大学生应树立自主、创新、终身、全面的学习观。

(一)自主学习观

著名教育家波利亚曾说:“学习任何知识的最佳途径都是由自己去发现的,因为这种发现,理解最深,也最容易掌握其中的内在规律、性质和联系。”学生不是被动地接收外在信息的客体,而是主动根据现有的认知结构选择性地寻找外界信息,构建它们的意义,并将其纳入自己的认知结构中。在教育范畴,主体性是指学生通过积极的自我意识,对自身现状与发展前景的自省、自控、自觉、自为的特性。一个人在学校里学习的知识能用到工作实践中的非常有限,更多的知识需要结合实际进一步学习。特别是在当今社会,科技已成为第一生产力,谁拥有知识并通过实践将其转为技术,谁就能取得持续的竞争优势。

(二)创新学习观

创新学习观要求学生在学习知识的过程中,不拘泥于书本、不迷信权威、不墨守成规,以现有的知识为基础,结合学习的实践与对未来的设想,独立思考、大胆探索,积极参加各种学习活动。创新学习有助于增强学生的学习兴趣,提高学习效率,从真正意义上减轻学生的负担。同时,创新学习对培养学生求真务实的科学态度和与他人协作的心理品质也十分有益。

在不断发展和进步的社会中,我们不仅要主动地学习知识,而且要成为知识的创造者,在职业生涯发展过程中做一个具有创新精神的人。

(三)终身学习观

人类社会正经历着工业社会向知识社会的转变。知识、人才将逐渐取代劳力和资本成为社会发展的主要驱动力。终身学习观的确立,是人自身发展的需要,更是社会发展的根本要求。

(四)全面学习观

从时间上来说,我们要建立终身学习观;从空间上来说,我们要建立全面学习观。全面学习观的本质是生活中处处有知识。全面学习观和个人成才的目标相一致,要求与自身所处的学习环境相协调。个体要善于利用环境中的有利因素来促进各方面的学习。

二、专业学习的重要性

大学教育具有明显的专业性特点。大学教育实际上是一种高层次的专业学习。这种专业学习是随着社会对专业要求的变化和发展而不断深入的。为适应当代科技发展既高度分化,又高度综合的特点,这种专业性通常只是一个大致的方向,而更具体、更细致的专业目标是在硕士、博士阶段的学习或将来走向社会后,才能最终确定下来。

因此,大学在进行专业教育的同时,还要兼顾社会对人才综合性要求的特点,尽可能扩大知识面,以提高大学生毕业后对工作的适应性。大学期间,除了要学好专业知识外,大学生还可以根据自己的能力、兴趣和爱好,选修或自学其他课程,为毕业后尽快适应工作打下良好的基础。

三、大学学习的内容与特点

(一)学科分类

我国的大学专业以学科门类作为划分,大部分学科和专业名字一样,也有极少部分的专业名称和学科门类名称不完全一致。

目前,我国共有 14 个学科门类,分别是:哲学、经济学、法学、教育学、文学、历史学、理学、工学、农学、医学、管理学、艺术学、军事学、交叉学科。学科门类是对具有一定关联学科的归类,是授予学位的学科类别。学科门类和一级学科均由国务院学位委员会同教育部制定。

(二)课程安排

我国高校现行的课程类型一般分为三大块:普通教育课程、基础理论课程和专业课程。每类课程当中都设有必修课和选修课,有的学校还设置了专业核心课。我国高校的课程设置带有浓厚的“专才教育”的色彩,具体表现为:第一,培养"高级专门人才"是教育课程设置的核心理念;第二,课程设置突出专业理论和专业技能的本位思想,以专业课程为主要内容的必修课所占比例高达70%左右。

(三)学分制

学分制,是教育模式的一种。它是通过绩点和学分,衡量学生学习质量的教学管理制度。学分制与班建制、导师制合称三大教育模式。19世纪末,学分制首创于美国哈佛大学。1918年,北京大学在国内率先实行"学分制"。1978年,国内一些有条件的大学开始试行学分制。现在学分制是国内高校教学管理制度的主流模式。

"学分"是用来计算学生学习成绩的一种单位。一学分约等于学生在课堂或实验室从事一学时学术工作并且持续一个学期的量,它不包括学生与教师或同学进行的课外讨论和交流等与课程教学无直接关系的学术工作的量。学分制是累计制。

学年制是与学分制相对应的教学管理制度。它以学年为计量单位,衡量学生学业的完成情况。现在许多大学将两者结合起来使用。

四、大学学习的正确方法

首先,大学生应端正自己的学习态度。学习知识是为了提高自身的价值,而不是为了他人而学习。在学习中,难免会遇到这样或那样的困难,应该保持一种积极向上的乐观态度,不能一味地只看分数,只注重结果而不管过程,这样到头来是欺骗自己,所以要以一颗平常心来看待一切。

其次,大学生要掌握正确的学习方法。学习方法是提高学习效率、达到学习目的的手段。钱伟长曾对大学生说过:“一个青年人不但要用功学习,而且要有好的科学的学习方法。要勤于思考,多想问题,不要靠死记硬背。”学习方法对了,往往能收到事半功倍的效果。在大学期间,大学生要把握好几个主要环节:预习、听课、复习、总结、记笔记、做作业、考试,为进一步获取知识打下良好的基础。

预习时要把不理解的问题记下来,听课时才能增加求知的针对性。这样既能节省学习时间,又能提高听课效率。预习是学习中非常重要的环节。

听课时要集中精力,全神贯注,对老师强调的要点、难点和独到的见解,要认真做好笔记。

课后及时复习,是巩固所学知识必不可少的一环。复习时要认真整理课堂笔记,对照课本和参考书,进行归纳和补充。每过一个阶段要进行一次总结,将所学知识融会贯通,温故而知新,形成自己的思路,掌握知识的来龙去脉,使自己的知识系统更加完整。

独立完成作业。不管是写论文还是完成科研实践,作业都有助于巩固消化知识。在做作业的过程中,要举一反三、触类旁通,养成良好的学习习惯。

对待考试要有正确的态度,把考试作为检验自己学习效果和培养独立解决问题能力的演练,及时找出薄弱环节,加以弥补。

学习知识时,要在理解的基础上进行记忆、消化和吸收。不断思考,不断消化,不断加深理解,只有这样得到的知识和能力才是扎实的。

另外,还有学者提出“三五”进取型学习方法,这是一种较为理想的学习方法,值得提倡,其基本要求是“五要、五先、五会”。

五要:一要围绕教师讲述展开思维联想;二要清理文字叙述思路;三要听懂教师讲述的重点、难点;四要跨越听课学习障碍,不受干扰;五要在理解的基础上做好笔记。

五先:一先预习后上课;二先回忆后看书;三先看书后做作业;四先理解后记忆;五先整理知识后入眠。

五会:一会制订学习计划;二会利用时间充分学习;三会进行学习小结;四会提出问题,讨论学习;五会阅读参考资料,扩展学习。

第三节　如何培养学习能力

一、树立远大的目标是前提

目标是一个人前进的方向。人生要是没有目标,就像没有航向的船只,难以到达成功的彼岸。理想是一种精神力量,是大学生学习的内在驱动力。只有树立了崇高的理想,才能树立远大的奋斗目标,从而产生巨大的动力,激励自己锲而不舍、坚忍不拔、努力拼搏、奋勇向前、攀登科学高峰。

二、树立自主学习的学习观是基础

所谓自主学习就是主动地、有主见地学习。自主学习包括四个方面:首先,要对自己现有的学习基础、智力水平、能力高低等有准确的评价。其次,在完成学校统一教学要求并达到基本培养标准的同时,能够根据自身条件,有所选择、有所侧重地制订夯实某方面基础、扩充某方面知识、提高某方面能力的计划,优化知识和能力结构。再次,按照计划积极主动地执行,并且不断探索和逐步建立适合自己的科学学习方法,提高学习效率。最后,在实践中不断修正和调整学习目标，合理分配时间，及时总结、调整和完善，以达到最佳学习效果。

三、掌握科学的学习方法是关键

学习方法就是学习时采用的方式、手段、途径和技巧。科学的学习方法是人们的认识规律和学习规律的反映，具有共同性和普遍性。科学的学习方法不仅有助于大学生在学习中少走弯路，更有利于培养和提高各种学习能力，提高学习效率。

由于学习目的、学习内容、学习条件、教育者的个体特征（如教授方法，学识水平，教育、教学思想）、学习者的个体特征（如年龄、文化基础、素质、个性）等因素制约，学习方法呈现出多样化、个性化的特点。另外，教育是随着社会生产力的发展而发展的，教育内容是社会科学技术发展水平的反映，教育的手段和方法是由社会生产力发展水平决定的，因此与教育内容、教育手段和方法相适应的学习方法也必然具有时代特点。

具体来说，掌握正确的学习方法，要研究学习规律，注意联系实际，研究具有不同针对性的学习方法。学习方法要因课、因时而异，针对不同的内容和要求，采取不同的方式。要从个人实际出发，采用和创建适合自己的科学学习方法。每个人的学习基础不同，智力和非智力因素有差异，学习习惯不同，因此在研究、采用和创建科学的学习方法时，必须切合个人实际，切忌"千人一方"。"学有其法，学无定法。"最好的学习方法应当既是科学的，又是符合自身实际的。

四、善于自学是基本要求

学习有两种基本形式:师授与自学。华罗庚曾说:“对一个人来讲,一辈子总是自学的时间多。”钱三强说:“自学是一生中最好的学习方法。”

要学会自学,就要掌握自学的方法与技能,如利用图书馆、数据库查资料,学会使用工具书,学会利用网络进行文献检索,学会做学习笔记,学会积累和整理资料,学会对所学知识(包括书本上的和实践中的)进行分析、归纳和总结等。

五、创新学习手段,利用现代化学习工具

信息获取方式决定着人们获取信息量的大小和学习的模式,并影响学习的效率。农业经济时代,劳动者通过言传身教的方式传授简单的劳动技能和经验;工业经济时代,人们通过工业化的传播工具,如图书、报纸、广播和电视等,从较大的范围里获取知识和信息。而在知识经济时代,计算机网络和信息高速公路的出现,为学习开辟了广阔的道路。计算机已经成为信息收集、加工、存储、处理、传递、使用的有力工具,计算机网络为人们提供了灵活的学习和工作环境。

信息传播手段的革命性变化为人们的学习展示了美好的前景,也提出了更高的要求。大学生必须掌握现代信息技术,使自己的学习达到事半功倍的效果。

第九章　锻造健康身心

第一节　身心健康管理

我们一般理解“健康”主要是指没有疾病,而1989年世界卫生组织(WHO)这样定义健康:“健康不仅是没有疾病,而且包括躯体健康、心理健康、社会适应良好和道德健康。”

世界卫生组织表示,个人的健康和寿命60%取决于自己,15%取决于遗传,10%取决于社会因素,8%取决于医疗条件,7%取决于气候影响。而在取决于个人的因素中,生活方式是主要因素。良好的生活方式可以促进人体的健康;反之,则会危害人体的健康。

目前,在我国,威胁人们生命健康的主要疾病已由过去的传染病转变为慢性非传染病。医学工作者通过大量的研究表明:不健康、不科学的生活方式和行为是诱发疾病的主要原因。我国学者指出,在因病死亡的人群中,生活方式和行为因素导致的占48.9%,环境因素导致的占17.6%,生物因素导致的占23.2%,保健服务因素导致的占10.3%。因此,养成健康、科学的生活方式是十分必要的。良好的生活习惯不仅能促进个人的身心健康,而且对人的未来发展也有重要影响。

大学生精力旺盛,处于长身体、长知识的阶段。良好的生活习惯是确保大学生顺利度过大学阶段的一个重要基础。为了达到身心健康的目的,应培养良好的生活习惯,并防止不良生活习惯的形成。

第一,要合理地安排作息时间,形成良好的作息习惯。有规律的生活能使神经系统的兴奋和抑制交替进行,这对促进身心健康是非常有利的。

大学生应养成早睡早起的习惯,建议一般每天不少于7个小时。如果条件许可,午饭后可以小睡一会儿,但最好不要超过40分钟。

第二,要进行适当的体育锻炼和文娱活动。"文武之道,一张一弛。"大学生在学习之余参加一些文体活动,不但可以缓解紧张的生活,还可以放松心情、增加生活乐趣,有助于提高学习效率。跑步、做广播体操、踢足球等都有助于增强体质,提高对疾病的抵抗力。

第三,要养成良好的饮食习惯。大学生的饮食问题主要表现在两个方面:一是饮食不规律,二是暴饮暴食。营养学家的研究表明,早餐吃饱、吃好,对维持血糖水平是很重要的。用餐时不能挑食偏食,要加强全面营养,还应多吃水果和蔬菜。

第四,要改正或防止吸烟、酗酒、沉溺于电子游戏等不良的生活习惯。

第二节　休闲管理

有人在休闲时间喜欢打网络游戏,就认为自己的职业兴趣是计算机;有人在休闲时间喜欢读小说,就认为自己的职业兴趣是编辑。当真的读相关专业时,才发现大错特错。其问题在于职业兴趣是与将来的工作性质相关的,而休闲时间的娱乐活动更多是从个体自身兴趣出发的。

有的人平常兴趣广泛,但在选择职业时总是感到困惑,其实大可不必。工作原本就是生活的一部分,自己的兴趣广泛、生活丰富,生命的质量必然较高,兴趣并不是选择职业的关键。

理想和现实的矛盾常常使很多学生难以作出抉择,可通过以下方式尝试解决问题。

一、尽量把专业和爱好结合起来

通过四年的学习,大学生对自己所学专业应有了相对感性的认识,并掌握了基本的知识和技能。这时把自己的专业和爱好结合起来,更能体会到不同的乐趣。

二、把爱好作为生活的一部分，和职业生活并行

很多成功人士或有艺术方面的特长,或热爱某项体育运动,这不仅有助于身心的愉快,减轻工作的压力,也促进了他们的事业发展。所以我们可以把爱好作为生活的一部分,和工作并行,让两者都成为生活的支点。

三、评估爱好和能力之间的差距，勇敢改行

大学生应该把人生的需求分成几个阶段进行考虑,不要强求在大学刚

毕业的时候就一步到位。每个人面对的现实情况不一样,可以先找工作,提高自己的各种能力与综合素质,当具备了较强的实力之后,再转换职业领域,与自己的爱好相靠近。

第三节　财产管理

许多大学生过生日的时候都会请客,这是一种人情支出。他们请客的地点从学校附近的小饭馆到西餐厅,更有甚者会选择到较有名气的酒店。不仅如此,当学生干部要请客,评上奖学金更要请客。

一位来自北京某高校的大学生这样描述:

“作为学生会主席,我要管理学生会的一切事务,每次学生会有什么重要活动,或者取得成绩时,都是我出钱请客。我几乎每个月都拿出1000~2000元的‘经费’,请大家吃饭或者喝东西。”

从上述情况来看,目前部分大学生生活费的使用已经陷入了消费误区。

俗话说,“钱要花在刀刃上”。当代大学生应该具备一定的理财能力,在大学中,不仅要在课堂内提升自己的智商,在人际交往中提高自己的情商,也要在日常生活中管理好钱包,逐渐提高自己的“财商”。

一、学习理财知识

大学生的学习能力、理解能力和接受能力都比较强,可以通过相关书籍或网络了解银行存款、货币基金、基金定投、保险债基等理财方面的知识,不断积累经验,培养主动理财的意识。

二、适当兼职，增加收入来源

在不影响学业的情况下,大学生可以适当兼职。这样一方面可以增加工作经验,为毕业后走上工作岗位奠定基础;另一方面也可以扩大收入来源,增加可支配资金。

三、量入为出，树立正确的消费观

大学生要理性消费,不盲目、不冲动、不攀比,不买超过自己消费能力的商品。当前,消费信贷类产品种类繁多,对大学生的诱惑很大,信用卡、花呗、京东白条之类的产品使用起来非常方便。如果真的需要,大学生可以适度使用,但一定要通过正规渠道,不要借高利贷、裸贷,并且以不超过自己的消费能力为宜。

四、正确认识收益和风险的关系

高收益必然伴随着高风险。在理财过程中,要正确评估自己的风险承受能力,选择适合自己的理财产品。不要盲目追求高收益,避免风险过大导致资产缩水,甚至因“爆雷”导致血本无归。

五、不做“月光族”

现在很多已经参加工作的年轻人,都是名副其实的“月光族”,看似很潇洒,其实很危险。生活中一旦遇到麻烦,就会捉襟见肘、不知所措。为了能在将来从容应对各种突发事件,大学生应及早培养储蓄意识,有备无患。

第四节 心理管理

一、大学生心理健康

大学新生由于在新环境的适应和新角色的定位方面经常出现问题和偏差,所以入校时就要注意心理调适和自我援救,以免产生心理问题。一般来说,适应期的心理问题普遍存在却并不严重,大部分学生在短时间内就可以自行消除。严重的心理问题一般出现在高年级。所以,加强心理保健要有明确的意识和针对性。

(一)心理健康的定义

心理健康是指一种积极而稳定的心理状态。拥有这种心态的人,心情舒畅,能感受到生命的价值,与他人、环境和社会协调一致,能充分发挥自己的身心潜能。

(二)大学生心理状况不容乐观

随着社会竞争的加剧,人们的心理问题日益突出,调查显示,20%—30%的大学生存在不同程度的心理问题,其中10%左右的学生存在严重的心理问题。而心理问题会影响大学生的学习和生活,严重者,甚至会危害自己和他人的生命安全,所以要引起我们的高度重视。感觉到自己有心理问题时,不要碍于颜面放弃求助,而要及时进行疏导和治疗。

大学生发生心理问题的领域主要集中在学习、人际关系、就业及恋爱方面。

(三)心理健康和道德健康的关系

一个人对自己的主观评价越接近实际情况,心理健康水平越高。反之,心理健康水平越低。一个人对自我的评价之所以与实际情况有一定的差距,是因为这种认识的个人主观成分很大,难免发生偏差。

心理健康是道德健康的基础,也是道德健康的必要而非充分条件。道德健康的人必然是心理健康的人,但心理健康的人却不一定是道德健康的人。

心理健康是决定一个人能否成为道德健康的社会人的基础。所以,心理健康问题应该引起每个人的高度重视。

(四)大学生心理健康的标准

第一,智力发育正常。

智力发育正常指个体智力发展水平与实际年龄相符,是心理健康的重要标志之一。

第二,情绪稳定。

心理健康的大学生通常能保持积极、乐观、自信的生活态度,尽管也会有悲哀、困惑、愤怒等消极情绪出现,但不会持续太久。他们能够适当表达和控制自己的情绪,使之保持相对稳定。

第三,能正确认识自己。

心理健康的大学生对自己有充分的了解,清楚自己存在的价值,对自己感到满意,并努力使自己变得更加完美;对自己的优点能发扬光大,对自己的缺点也能充分认识,并会自觉地努力克服;有自己的理想,对未来充满信心,在学习、工作等方面追求进步并积极付诸实践。

第四,有良好的人际关系。

心理健康的大学生有积极、良好的人际关系,尊重他人、理解他人,善于学习他人的长处补己之短,并能用友善、宽容的态度与别人相处。他们真诚坦率,容易得到别人的信任,并建立融洽的人际关系,在集体中威望较高,生活充实。

第五,热爱生活。

心理健康的大学生热爱生活,能深切感受到生活的美好和生活中的乐趣,积极憧憬美好的未来;能在生活中充分发挥自己各方面的潜力,不因遇到挫折和失败而对生活失去信心;能正确对待现实中的困难,及时调整自己的思想方法和行为策略,以适应各种不同的社会环境。

二、大学生常见的心理障碍

大学生常见的心理障碍包括焦虑症、抑郁症、恐怖症、强迫症等。正确面对这些病症,及时对症下药,就可以回归到正常的学习和生活。

(一)自卑、焦虑情绪及焦虑症

自卑是个体由于某种原因而引起的轻视自我、担心失去他人尊重的心理状态。自卑容易产生压抑、孤独的情感,使大学生多疑敏感,又因担心自己的缺陷被人发现,常加以掩饰或否认,有时表现出较强的虚荣心。自卑是大学生中一种比较普遍的情绪。其他的不良情绪也几乎都源于自卑,或与自卑有密切的联系。

焦虑是由紧张、不安、焦急、恐慌、忧虑等感受交织而成的情绪状态，是一种没有明确对象和内容的恐惧，即幻想一些可怕的事情要发生，但又不知如何预防和应对，如“杞人忧天”。

经常性的焦虑情绪会演变成焦虑症。焦虑症发作时，患者多坐立不安，四肢颤抖，甚至出现头疼、口干、出汗、眩晕等。

焦虑情绪和焦虑症在大学生中比较常见。焦虑症患者一般心理承受能力较弱，过低估计自己的能力，过高估计困难，因而总是对还未发生的事情丧失信心，对现实采取回避态度。一般来说，易于紧张、焦虑，对身体微小的不适过分注意，谨小慎微、优柔寡断、多愁善感、依赖性强的人，容易患焦虑症。

（二）抑郁情绪及抑郁症

抑郁是一种过度忧愁和伤感的情绪状态。抑郁的人常感到无力应付外界压力，表现为情绪低落、苦闷、悲观等。抑郁是大学生中间常见的情绪状态，它与焦虑常常同时出现。

感情上受到强烈打击、考试不及格、实验失败、竞选失败会导致人的自尊心和自信心受挫，加上不良性格和遗传等因素的影响，容易使人产生抑郁情绪。

（三）恐惧情绪及恐怖症

心理学上的恐惧一般是指对普通人不害怕的事物感到恐惧，或者恐惧体验的强度和时间远远超出普通人。这种恐惧情绪常伴有各种焦虑反应和逃避行为，如紧张不安、出冷汗、颤抖，甚至晕厥等。

由恐惧情绪导致的恐怖症有很多种类，如特殊境遇恐怖症（恐高症、广场恐怖、黑暗恐怖以及对雷电、风雨的恐怖）、动物恐怖症、疾病恐怖症、社交恐怖症等。恐怖症带有明显的强迫性特点，即自知这种恐惧是过分的、不必要的，却难以抑制和克服。

大学生常见的恐怖症主要是社交恐怖症。这是一种在大学生人际交往，特别是与异性交往中产生的极度紧张和畏惧的情绪反应。产生社交恐怖症的主要原因是与人交往时心理负担太重，太在意自己在别人心目中的形象，心理压力大而社交经验不足，在交往和讲话时出现心情紧张、心慌意乱的反应。

（四）强迫情绪及强迫症

强迫症是患者感觉反复出现某些想法、意念和行为而不能自控。因此，强迫症患者常伴随激烈的内心斗争和强烈的焦虑与恐惧，十分痛苦。

强烈的或持久的精神因素作用以及激烈的情绪影响，容易使人产生强迫症。另外，胆小怕事、优柔寡断、遇事过于谨慎、缺乏自信心、墨守成规的人，容易有强迫意向和动作。

以上由情绪障碍导致的心理病症有一些共同特征：

从产生原因来看，这些心理病症都与个人的挫折经历和自卑心理有关，也与人的不合理的认识观念有关，而后者更关键；从主要症状表现来看，焦虑、抑郁、恐怖和强迫等情绪经常是互相交织的，而且都有思虑过多的特点，即习惯在头脑中对一些不愉快的经历加以主观想象或联想，从而不断增加自己的心理负担。

三、影响大学生挫折承受力的主要因素

影响大学生挫折承受力的主要因素一方面来自大学生本身,他们独特的生理心理和意志品质特点使心理障碍的产生具有一定的必然性;不能正确地认识和评价自己是大学生产生心理障碍的主要原因,价值取向的偏离是大学生产生心理障碍的根本原因。另一方面,来自学校、家庭和社会等外界的压力也会导致大学生产生心理障碍。

从学校来说,应试教育使中小学普遍忽视学生综合素质的培养,造成他们心理素质先天不足,缺乏适应社会、承受挫折的能力。从家庭来说,当代大学生中独生子女多,由于父母的溺爱,他们缺乏应对磨难和挫折的经验,许多人形成了孤芳自赏、自命不凡的个性,只能成功不能失败的心理定式,致使他们面对困境时意志力薄弱,心理承受能力差。从社会环境来说,复杂的现实与大学生理想化的思想存在冲突,使他们产生一定程度的迷茫和困惑。

要形成合理的认识观念,大学生要反对三个认识误区:

第一,绝对化的认识误区。这是一种只从自己的意愿出发,认为事情必定发生或必定不会发生的不合理的认知倾向。这种思维非此即彼,缺乏弹性,对生活的认识简单、机械,极易使人陷入情绪的困扰中。

第二,过分概括化的认识误区。这是一种以偏概全的不合理的思维方式。如一次考试失利或竞选失败,就导致个体对自我价值和人生意义的全盘否定。

第三,糟糕至极的认识误区。这种不合理的思维方式以夸大失败或痛苦的体验为特征,认为一件事情发生了,其后果必定不堪设想。

针对这些认知偏差或认知误区，最好且最简单的解决方法就是改变认知。我国古代“杯弓蛇影”的故事就生动说明了认知偏差可以导致心理疾病，而一旦领悟了认知偏差产生的原因并及时纠正，就可以从积极的方面看待问题，促进心理健康。

第十章 掌握就业技能

第一节 找准自己的定位

一、当前大学生的就业形势

大学生就业难是一个现实问题，很多大学生面临着“毕业即失业”的惨痛现实。大学生就业在社会转型期遇到了很大的挑战，总体来说就业形势不容乐观。

一方面，近年来，全国高校毕业生人数逐年增加。另一方面，我国已经成为世界第二大经济体，市场对人才的需求是比较旺盛的，目前我国专业技术人才仍然是供不应求的。但是，我国经济结构调整和职场经验准入要求等市场因素的变化与大学生为适应这一变化所需的知识结构、专业素质以及高校分布和专业人数分布不匹配，引发了职位空缺和失业并存的现象。所以，出现大学生就业困难的重要原因是结构性过剩，也就是劳动力供求关系不一致，如专业设置和社会需求不一致、学生素质和单位需求不一致、大学生就业观念滞后、区域结构性矛盾等。

就业难的问题除社会的客观原因外,也与毕业生自身的观念跟不上形势变化有密切关系。毕业生的就业期望与社会实际需求之间存在着巨大的差异,也是造成就业困难的一个重要原因。

二、寻找正确的就业方向

毕业是就业考验的开始。在严峻的就业形势下,大学生一定要有正确的自我认识、自我分析和自我定位。大学生选择工作的时候,应该冷静、谨慎、认真。

由于社会各个方面的压力,大学生在踏上找工作之途后,很容易陷入迷茫、焦灼的状态。很多大学生找工作都经历了这样的阶段:第一阶段,非常“高调”,对自己的能力估计过高;第二阶段,非常“低调”,碰壁之后开始变得不自信,于是逐步降低期望;第三阶段,“跑调”,在接连碰壁之后,部分大学生就乱了阵脚,失去了方向,随便找一个工作先就业,也不管这个工作适不适合自己。对此,大学生要保持清醒的头脑,既不要对自己期望过高,也不要因碰壁就失去自我。“心态决定一切”,这是职场人生存的关键法则。

三、如何做好就业中自我定位

(一)明确自身优势

要知晓自己的能力,了解自己的优势和劣势,就需要进行自我分析。通过自我分析,深入了解自身,并根据过去的经验,推断未来可能的工作方向与机会,从而解决“我能干什么”的问题。只有从自身实际出发、顺应社会潮流,有的放矢,才能作出正确选择。对自己的认识分析一定要全面、客观、深刻,不回避缺点和短处。

(二)发现自己的不足

人无法避免与生俱来的弱点,必须正视并尽量减少其对自己的影响。卡耐基曾说:“人性的弱点并不可怕,关键要有正确的认识,认真对待,尽量寻找弥补、克服的方法,使自我趋于完善。”

第二节 做好求职准备

一、简历撰写

在求职过程中,简历是大学生向用人单位展示自己的第一机会。求职简历制作要遵循五个原则:简明、真实、严谨、匹配、有针对性,通过科学取舍,突出重点,合理扬弃,达到更加吸引人的目的。

一份简单明了的求职简历更容易获得招聘人员的青睐。大学生应针对应聘职位列出自己相应的知识结构、素质能力、工作经历和创意设想等,结合招聘企业和职位的关键因素找到自己突出的亮点。

(一)应聘职位要明确

一份好的简历,目的性要强,最好在简历的显著位置就清楚地注明应聘的部门和职位。一般不要针对一家公司同时应聘多个职位。以邮件形式投递简历时,邮件标题要写明“某某应聘某某职位”,邮件内容尽量用纯文本书写并将简历以“附件”形式发送。

（二）为求职单位写一封特定的求职信

如果特别心仪某单位，求职者可以写一封言辞恳切的求职信。求职信撰写的前提是对应聘单位和岗位有足够的了解。求职信的内容一般包括：获得招聘信息的渠道；应聘的岗位；对这个岗位的理解；认可的岗位价值；自己的学习经历和工作业绩；对岗位的认识，即表明自己的能力与该岗位匹配；对单位的发展历史和文化的了解；如果能够有幸进入单位，自己会以什么样的态度投入工作。求职信必须表达四层意思：我了解和认同这个单位的文化并愿意成为其中一员；我可以胜任该岗位；我愿意在工作中主动成长；我愿意为单位的发展作出贡献。

（三）避免低级错误

无论是简历还是求职信，应尽量避免出现语法错误及错别字，提供的信息要真实，用语要简洁、真诚。除特殊需要外，尽量不要使用网络语言。

二、笔试、面试准备

（一）笔试

笔试是招聘工作中一种相对比较初级的筛选方式，主要目的是初步筛选符合职位要求的应聘者。应聘者在笔试前应做好充分准备。

研发类和技术类职位，一般都要求应聘者参加技术类笔试。这类职位的笔试题目主要是实际工作中可能碰到的技术性问题，专业性非常强。非技术类笔试则对应试者的专业背景要求相对宽松,考查内容非常广泛,除了常见的写作能力、英文阅读、逻辑思维能力、数理分析能力、案例分析能力外,还可能涉及生活常识、时事政治、情景演绎,甚至智商测验等。

以下简要介绍非技术类笔试考查的内容。

逻辑思维能力。考查应试者对各种信息的理解、判断、分析、综合的能力。

数理分析能力。考查应试者对数字的处理能力及数学素养。考题本身的计算量并不是很大,但是题型众多,灵活多变。典型的题型包括:数字推理题,从一组数列中寻找规律并推理出下一项数字;计算题,给出一些看似复杂但又有技巧的数学计算题;应用题,题目较简单,但考查的数学知识比较广泛。除此之外,还有平面几何和立体几何的一些简单应用。

语言理解和表达能力。考查应试者语言应用方面的能力,尤其是应试者在语言理解、语言表达方面的准确性、规范性与完整性等。常见题型:词语替换、选词填空、语句表达、阅读理解。

图表分析及计算。这类题会给出一组数据表或者数据图(如折线图、扇形图、柱状图等),要求应试者从图表中提取有用数据,进行分析、比较,以考查应试者对图表的理解分析能力以及处理数据信息的能力。

案例分析及写作。俗称"作文题",以开放性命题为主,通常是给应试者一段文字或者一些图表数据,让应试者发表评论、提供解决途径、撰写分析报告等,对于应试者的写作、分析能力要求比较高。

知识域。通过设计一些与时事和常识有关的问题,考查应试者的知识域是否足够宽泛。目的是检验应试者平时对于时事政治、常识性问题的关心程度。这些内容分布比较广,包括经济、政治、人文、社科等。这要求应试者重视平时的知识积累。

(二)面试

1. 面试的类别

面试是招聘者与求职者之间相互交流信息的有目的的会谈,它使招聘方和受聘方都能得到充分的信息,是一个彼此考量的过程。

面试时,考官向求职者提供企业的概况、岗位的情况及人力资源政策等信息,了解应聘者的专业知识、岗位技能和非智力素质等信息,以确定求职者能否成为企业的一员。面试按分类标准的不同,可分为以下类别。

(1)按标准化程度分类

按标准化程度不同,面试可分为结构化面试、半结构化面试和非结构化面试。结构化面试是指面试题目、面试实施程序、面试评价、考官构成等方面都有统一明确的规范;半结构化面试是指只对面试的部分环节有统一的要求,如统一的程序和评价标准,但面试题目可以根据面试对象而调整;非结构化面试则是对与面试有关的环节不做任何的限定。

结构化面试是招聘工作中最常见的人事评价手段之一。它对内容、程序、评价标准等都进行了严格的规定,流程清晰、内容规范。一般来说,结构化面试中提出的问题仅与工作有关,能够客观地收集并评价应聘者的信息,有效避免各种评价误差,如:首因效应、刻板效应等。

(2)按实施方式分类

面试按实施方式分类,可分为一对一、多对一、一对多、多对多等类型,如表 10-1 所示。

表 10-1　实施方式分类对比

类别	优点	缺点
一对一	能够为应聘者提供更多展示自我的时间和机会,使面试进行得比较深入	耗时较多,评价角度单一
多对一		耗时较多,且应聘者压力大
一对多	效率高,便于同时对不同的应聘者进行比较	评价角度单一,应聘者相互影响;且对面试官技能要求较高,对于较为隐私的问题不便询问
多对多	效率高	应聘者相互影响,成本高,对于较为隐私的问题不便询问

(3)按进程分类

面试按进程分类,可分为一次性面试和分阶段面试。一次性面试即公司一次决定录用与否的面试。分阶段面试一般分为初试、复试两个阶段。初试由人事经理或招聘经理负责,主要是对应聘者的综合素质进行考查;复试由更高级别部门负责人负责,主要是考查应聘者的专业知识、专业技能(如实践经验、管理能力等)是否符合岗位要求。

当应聘者应聘岗位为部门主管级以上(含主管级)及特殊岗位(如技术、财务、法务等)时,应由用人部门的主管领导与用人部门负责人一同复试。

(4)按面试题目分类

按内容来分,面试可分为经验性面试和情景性面试。经验性面试主要围绕应聘者过去的工作经验展开。情景性面试通常会给定一个情景,观察应聘者在特定的情景中是如何反应的。情景设定可以是口头表达,也可以是书面形式表达,涉及的公司和事件可以是真实的,也可以是虚构的。

2. 打造第一印象

社会心理学中,对他人印象的形成有一个非常重要的规律:首因效应(primacy effect),又称“第一印象效应”,即人们比较重视最先得到的信息,并据此对他人作出判断。第一印象不一定是正确的,但给人的印象最牢固、最鲜明。

面试时，应聘者应注意仪表端庄得体。男生穿黑、白、灰三色最保险，黑皮鞋不要搭配白袜。女生着装不要超过三种颜色，不穿紧身、暴露的衣服，佩戴首饰应适宜，不可过多。

一项研究显示，有效的情感和态度沟通包含三大要素：身体语言、声音和说话内容。信息中有 55%的意义来自身体语言（仪态、姿势、表情），38%的意义来自谈话的声音（语气、声调、速度），仅有 7%的意义来自说话内容（遣词用字）。

传达正确的身体信号是强化第一印象的方法之一，如眼神交流，适时微笑，专注聆听，不打断他人说话，坐着的时候身体要直，站着的时候身体要挺拔等。

第三节　收集就业信息

一、信息收集渠道

毕业生要善于利用各种渠道、通过各种途径收集就业信息。这些渠道和途径主要有以下几点。

第一，通过学校就业主管部门获得信息。学校的毕业生就业办公室或毕业生就业指导中心，是高校学生毕业就业工作的行政管理部门，在长期的工作交往中与各省市的毕业生就业主管部门及用人单位有着密切的联系，就业需求信息往往汇集到这里。在毕业生就业过程中，它们会及时向毕业生发布有关需求信息，进行就业指导，宣传有关就业的政策规定；学生也可以就有关问题进行咨询。

学校的毕业生就业办公室或毕业生就业指导中心是大学生获取用人单位信息的主渠道。它们提供的信息无论是数量还是质量,都有明显的优势。通过这些部门获得的信息有以下几个特点:

一是针对性强。一般用人单位是在掌握了该校的专业设置、生源情况、教学质量等信息后,才向学校发出需求信息的。这些信息的针对性强,和大多数毕业生的专业对口。而在人才市场和报纸杂志上发出的需求信息,是面向全社会的,针对性较弱。

二是可靠性高。为了对广大毕业生负责,在公布需求信息之前,学校就业主管部门会对就业信息进行审核,保证信息的可靠性。

三是成功率大。一般毕业生只要符合招聘条件并善于把握机会,供需双方面谈合适,签约成功率较大。

第二,通过各级毕业生就业指导机构获得信息。教育部成立了全国高校毕业生就业指导中心,各地也陆续建立了毕业生就业指导机构。这些机构旨在为毕业生和用人单位塔建信息交流的平台,并提供咨询服务。

第三,通过社会各级人才市场获得信息。随着社会主义市场经济的发展,我国各类人才市场中介机构也应运而生,在那里,可以了解到各类不同的机构和职位的信息。

第四,通过新闻媒体获得信息。在传媒技术高速发展的今天,广播、电视、报纸、杂志、网络等新闻媒体受到了招聘机构和求职者的共同青睐。除此以外,专业的招聘网站还辟出"择业指导"和"政策咨询"等专栏,为毕业生就业提供指导。

第五,通过社会关系网获得信息。在寻找就业信息时,亲戚、朋友也是就业信息的来源之一。实际上,大多数用人单位更愿意录用经人介绍和推荐的求职者。

第六,通过社会实践(或实习)获得信息。社会实践是大学生获得职业信息的重要途径。大学生应在各种社会实践活动中,了解社会,提高思想觉悟,同时积极收集职业信息。另外,在实习过程中与用人单位达成就业协议也是一个很好的就业途径。

第七,通过各种类型的人才交流会、供需见面会获得信息。这类活动有的是学校主办的,有的是当地毕业生就业主管部门组织的。因是供需双方之间直接面谈,便于双方当场签订协议,比较简捷有效。

除了以上提到的渠道外,毕业生还可直接联系心仪单位或亲自上门拜访以获得有用的信息。但对大学毕业生来讲,一般不提倡这几种方法,因为要花的精力太大,而且收效较小。

二、谨防求职陷阱

(一)虚假广告陷阱

一些用人单位在招聘会上为了招到条件较好的毕业生,会夸大或隐瞒某些情况。比如在发布招聘信息时,往往故意夸大单位规模和岗位数量;或把招聘职位写得冠冕堂皇,不是“经理”就是“总监”,实际上却只是“办事员”“业务员”。

(二)色情陷阱

一些用人单位利用招聘、面试等侵犯学生权益。比如在招聘广告上称高薪聘请男女公关人员,实则是让他们从事性服务,而所谓的“高薪”其实是客人给的小费。遇到这样的情况,学生一定要提高警惕。

(三)传销陷阱

所谓传销,是指组织者通过发展人员或者要求发展对象以交纳一定费用为条件取得加入资格等方式非法获得财富的行为。传销组织者的首选对象常常是急于挣钱的打工者特别是刚刚毕业的学生,他们打着同乡、同学、亲戚等幌子,以帮忙找工作为由,以高薪为诱饵,因人而异,投其所好,欺骗求职者进行非法传销活动。求职者一旦进入陷阱,便被限制人身自由,被迫从事传销。传销组织者还采取扣留身份证、控制通信工具、监视等手段不让受骗者离开,强迫受骗者联系亲友寄钱寄物,从中牟利。

(四)协议陷阱

就业协议是明确毕业生、用人单位在毕业生就业择业过程中权利和义务的书面协议。就业协议一经签订,对双方都具有约束力。按照有关规定,就业协议不能代替劳动合同或聘用合同。毕业生在签订就业协议的过程中常遇到的陷阱分为以下几种:用人单位不与毕业生签订就业协议;毕业后,用人单位不跟毕业生签订劳动合同;用人单位与毕业生签订“霸王合同”等。

(五)试用期陷阱

试用期,是指用人单位和劳动者为了相互了解而约定的考察期。一些公司为了使用廉价劳动力,抓住毕业生急于找工作的心理,待试用期一过,便以种种理由告诉求职者不符合录用条件将其解聘。

(六)收费陷阱

一些公司并不是真的想招聘,而是利用招聘赚钱,它们利用毕业生求职心切，设立各种名目向毕业生收取不合理费用，如风险抵押金、违约金、培训费等，这些都是违反相关法律法规的。

（七）薪酬陷阱

所谓薪酬陷阱，是指用人单位在招聘时以优厚的待遇吸引前来求职的毕业生，等其正式入职后，招聘时的承诺则以种种理由不予兑现；或是针对薪酬中的一些不确定收入，进行虚假或模糊的承诺，最终不能兑现或“缩水兑现”。

（八）智力陷阱

有些单位在面试或笔试时，把本单位遇到的问题以考试的形式要求应聘者作答或设计，待应聘者利用专业优势回答问题或完成设计后，再找出各种理由拒绝录用，并将应聘者的劳动果实据为己有。

三、如何规避求职陷阱

其一，拒交各种名义的费用。招聘单位以任何名义向求职者收取风险抵押金、服装费、产品押金、报名费、培训费等都属非法行为。

其二，不轻信用工单位许诺到外地上岗。对外地企业或外地分公司、分厂、办事处的高薪招聘，求职者要保持高度警惕，不要轻信对方的口头许诺，应到劳动保障部门咨询并办理相关手续，否则很有可能被骗工骗钱，或者陷入传销陷阱。

其三，主动学习相关劳动法规和政策，在正式签约单位之前，想方设法加强对企业了解，以免误入骗子的陷阱；注意招聘单位的营业执照等相关证件，对一些将租用房间作为招聘地点的单位提高警惕。

其四，谨慎签订劳动合同。一看企业是否经过工商部门登记以及企业注册的有效期限，否则合同无效；二看合同字句是否准确、清楚、完整，不能用缩写、替代或含糊文字表达；三看合同是否具有工作期限、工作内容、劳动保护和劳动条件、劳动报酬、社会保险和福利、劳动纪律、合同终止的条件、违反合同责任等关键信息。

其五，发觉被骗迅速报案。目前，各个省区市陆续成立了由公安、通信、银监、银行等单位组成的“反欺诈中心”。如遇电信诈骗，已经向嫌疑人账户转账的，第一时间拨打110电话或者到派出所报案。110指挥中心或者派出所会将警情转到“反欺诈中心”。“反欺诈中心”经过核实，就会启动“紧急止付”程序，将涉案账户快速冻结，最大程度挽回受害者的损失。

PAPT 05

生涯成熟篇 >>>

——让人生适得其所

第十一章　评估生涯发展的方法

第一节　生涯发展中的问题评估

计划往往赶不上变化,这要求我们要做好职业目标的评估和调整,通过对实际情况和目标实现程度的分析,做好职业目标的考核、修改和调整,重新制定适合自身发展的职业目标,确保可行性,以真正实现目标。

一、自我评估中的问题

自我评估是个人职业生涯规划的基础,也是获得可行的规划方案的前提。有效的个人职业生涯规划要求规划者通过自我分析,正确深刻地认识和了解自己,为职业生涯作出最佳选择奠定基础。

二、环境分析中的问题

个人要想谋求职业生涯的成功，就必须考虑外部环境的需求和变化趋势，力求适应环境变化，进而有所突破。如果不对环境进行分析，盲目开展工作，很可能事倍功半。

三、职业定位中的问题

(一)没有明确、可行的目标

打个比方，一个人现在住的是平房，他根据自己的实际情况打算在自家院子里盖一间小厨房。当确定了盖厨房这个目标后，他就会注意收集砖块、瓦片等材料，只要走在街上，他就会留意哪里有砖块、哪里有瓦片，碰见砖头捡砖头，碰见瓦片捡瓦片。经过一段时间，他就能把原材料备齐，最终把小厨房盖好。可如果连盖厨房的想法都没有，那么他走在街上根本就不会注意是否有砖头和瓦片，即使这些材料都摆在他的面前，他也会认为是没有用的东西。

可见，有明确、可行的目标是多么重要。

(二)生涯目标一成不变，不能适应环境的变化

现实社会中的种种不确定因素会使职业生涯目标有所偏差，这就需要我们及时根据实际情况对目标和行动方案作出调整，从而保证职业生涯的发展平稳顺利。

第二节　生涯适应力

传统生涯发展理念把个体放在一个固定不变的现实环境里进行分析。这就意味着个体在面对生涯问题时,所有的因素都是预知的,且事件的因果关系呈现出线性发展的态势。这一理念显然与时代发展并不相符。现今,不可预测性与不确定性已经是生涯发展的本质特征之一。

在这样的背景下,有学者提出了“适应力”的重要性。适应力就是根据不断变化的环境调整自己行为的能力。生涯适应力体现了人的主观能动性,是指个体能够主动适应新的或发生改变的环境。

大量研究发现,具有高生涯适应力的个体,会用一种健康的态度处理工作中的问题:如果目前比较迷茫,便会去探索其他机会;如果预测工作会发生变化,就会提前做好准备;如果有临时的工作,也能慎重地处理。因此,有研究者将生涯适应力视为个体生涯成功的一个关键能力。此外,还有研究表明,生涯适应力能够直接影响个体的健康发展,是个体健康发展的标志之一。

一、生涯适应力的概念

生涯适应力的概念是在现实发展与理论演变的双重作用下逐渐受到关注的,它是指个体面对生涯变化或不可预测的生涯问题的准备程度与应对能力。

生涯适应力既不同于一般的人格特质,也不同于一般的生涯探索行为,而是居于二者之间的一种心理特征。它被视为个体在快速变化的现代社会中获得生涯成功的关键能力,研究者把它作为生涯发展的核心概念之一。

二、生涯适应力的结构

心理学家萨维科斯(Savickas)认为生涯适应力包括 4 个维度:生涯关注(Career Concern)、生涯自主(Career Control)、生涯好奇(Career Curiosity)和生涯自信(Career Confidence)。

(一)生涯关注

生涯关注是指个体对未来的关心,有助于个体放眼未来,为可能面临的生涯任务做好准备,本质上是一种未来取向的人格特质。在生涯适应力理论中,生涯关注被视为最重要的维度,其要解决的问题是“我有未来吗?”旨在帮助个体回顾过去的生涯活动,考量最近的生涯发展,设定未来的生涯目标,进而作出合理的生涯规划。

如果对生涯缺少关心,说明个体对未来的悲观和无计划性。对未来的悲观经常会使个体陷入负面情绪和行为困扰中。如果教师要对这部分学生进行干预,可以让他们撰写未来自传或为其提供一些机会和活动,进而提升其对未来发展的希望感和计划性。

(二)生涯自主

生涯自主是指个体为了应对未来的生涯任务保持自律,坚持不懈地提高自己,对自己的生涯发展负责,体现出主动性人格的特质。个体通过自信和认真的行动去构建生涯,而不是依赖机会或运气,强调采取有原则的、有目标的、有组织的方法完成工作。生涯自主是生涯适应力的第二个重要维度，它要解决的问题是“谁拥有我的未来”，即个体相信他们对于自己的生涯是可以负起责任的。简而言之，生涯自主是通过生涯决策和对未来负责的方式提高自我调控能力。

缺少生涯自主会演变成生涯未决。有研究发现，生涯未决水平越高的青少年越容易产生焦虑、沮丧情绪和低水平的自我认同。但生涯未决的大学生在向中年人过渡的过程中未必就不能获得健康的情绪。生涯未决实际上是个体生涯发展中必经的过程，它也可以与积极的结果联系在一起。但若长期处于生涯未决期，则会对其未来生涯发展或身心发展产生负面影响。

（三）生涯好奇

生涯好奇是个体积极地探索周围的环境及自己的生涯角色，并对自我和未来愿景形成认识，通过主动搜寻信息去了解世界，包括乐于接受新挑战、对自我与工作之间适应的反思等。生涯好奇反映的是个体对未来的态度，这种态度会促使个体进行更多的生涯探索，进而实现目标。缺少生涯好奇会导致对工作认识肤浅以及自我认识的不准确，这对个体的发展会产生一些负面影响。低水平的探索会延迟个体职业认同的形成，进而产生不现实的生涯期待。

（四）生涯自信

生涯自信是指个体对完成职业相关任务的能力的知觉或对达成职业目标的信心或信念。这个观点从个体与环境交互作用的视角，比较全面地阐述了生涯适应力的本质特征。当生涯自信较强时，个体就能摆脱困难以建构自己的未来；缺少自信则会导致生涯下滑。为增进个体的生涯自信，可以使用的干预方法有建立角色模型、鼓励和培养问题解决能力等。

综上,生涯关注能加速个体对自我和职业的探索;生涯自主使个体拥有选择未来的动力;生涯好奇能激发个体对未来的好奇心;生涯自信促使个体更加努力、勤奋并克服困难。

通过表 11-1 可以看出,生涯适应力的每一个维度都可以外显为相对应的态度、能力和行为,以及生涯问题。生涯关注可以通过增强大学生的生涯意识来培养,提高他们的计划性与行动力。生涯自主可以通过提升大学生的自主决策能力来增强。生涯未决本质上是缺乏自我控制感的表现,增强生涯自信能帮助大学生澄清自我概念、降低焦虑,更好地处理与他人的关系。

表 11-1　生涯适应力的体系建构

维度	生涯疑问	态度与信念	能力	生涯问题	适应性行为	生涯干预
关注	我有未来吗?	有计划的	做计划	不关心	觉察、投入、准备	生涯定向训练
自主	谁拥有我的未来?	坚定的	做决策	犹豫	坚定、有条理、执着	决策训练
好奇	未来我想要做什么?	好奇的	主动探索	不切实际	尝试、冒险、询问	获取信息的活动
自信	我能做到吗?	有效的	解决问题	压抑	坚持、努力、勤奋	建立自信

三、生涯适应力的适用性

(一)时代的适用性

生涯适应力的价值不在于勾勒一种通用的生涯发展模式,而是关注个体在自我的生涯发展中为获得成就所应具备的素质,强调个体对环境保持弹性的反应。生涯适应力是一个人主动探索社会、积极进行积累和准备的表现。这一概念符合时代多变的特性,强调个体应主动适应复杂的环境需求，不断主动调节，以寻求内外的平衡。

（二）群体的适用性

有研究者认为，人们在大学时期的生涯发展规划往往具有确定性，呈线性模式发展，这在一定程度上局限了大学生的生涯适应力。确定与变化都是相对而言的，对任何个体来说，没有什么是永恒不变的，尤其是大学生，他们的生涯发展存在着多种可能性与不可预测性。

四、在生涯适应力的视角下对大学生的建议

（一）树立"积极不确定"的生涯发展观

如果只强调生涯的确定性、稳定性、有序性，而忽略生涯的不确定性、动荡性、无序性，那么当自己一旦面临某一目标无法达成的情况时，就容易陷入对自我的否定并对生涯规划本身的意义产生怀疑。

大学生不能只制定单一的目标，而要给自己多种可能的发展路径，积极地面对多种选择，以开放的心态适应复杂的生涯系统，从而实现计划与不可控因素的平衡。因此，有学者主张用"积极的不确定"的生涯观来应对生涯发展中的各种变化。

（二）对个人经验进行反思

反思是个人建构发展生涯的重要环节。反思不同于一般的思考，它既有对外部环境的再认识，也有对自我各方面的再认识。如对既定规则、传统观念、流行见解的大胆质疑，对社会现实状况的审视和批判，对自己过去选

择的分析等。

反思是个人内化社会价值的重要途径,大学生应对在社会实践、职业体验、团体辅导等活动中获得的经验进行思考,如获得了哪些生涯规划的知识与技能,对自己的思维方式和行为产生了哪些影响;通过对价值观念进行澄清和辨析,结合社会现实形成对自己兴趣、性格、能力、价值取向的理性而全面的认识;分析过去的经历和各种行为对现在状态的影响,思考现在的行为和选择对未来的影响。这些新的观念和新的认识会影响人们的生涯规划和后续的行为。

需要注意的是,在这一过程中,要避免形式化的反思,如"对于这一活动,你的收获是什么""看了这个故事之后,你有什么感受"等。大学生通过反思梳理出认识自我与社会的基本脉络,实现在认知、情感和行为等多方面的改变与提升。

(三)从职业生涯扩展到整个生涯

个体的每一个角色之间都存在着千丝万缕的联系。如何求得个体与所处环境之间的和谐与平衡,不仅体现在职业领域,还体现在多种角色的平衡与关系的建立中,这也是个体在社会环境中建构自我身份的过程。因此,生涯教育与辅导要突破只围绕职业而开展的局限性,从个体对自我各方面的建构和整合的角度出发,在各种自我特质、角色之间建立联系,并思考学习者、工作者与持家者之间的关系,学生时代的学习者与职场中的学习者具有怎样的一致性与差异性等。这些都是个体适应不同的角色身份、为角色的变化进行积极准备的重要内容。

第三节　生涯发展方案的调整与修正

一、生涯发展方案调整原则

（一）目标要逐一设置

有些大学生自视甚高，初出茅庐就心高气盛，别人定一个目标，他定多个目标，自以为冲破生命极限，结果一个目标也没有达到。设立目标，应有计划、分阶段，拉开时间差距，实现一个目标后，再去实现另一个目标。

（二）目标要具体明确

如果目标空泛，日后行动就容易陷入盲目，不能有意识地收集相关领域的信息，无法有效地进行自我提升。具体明确的目标不仅指业务发展目标，而且包括与之相应的其他目标。列目标时，要详细列出实现目标的具体时间及需达到的程度。

（三）目标高低要适度

有的人给自己定的目标太高，怎么努力也无法达到；有的人给自己定的目标太低，不费什么力气就达到了，没有什么成就感。因此，目标设置的高低应恰到好处，既要使人有一定的动力，也不能过高难以完成。

总之，有效的生涯发展方案需要切实可行的目标，以便排除不必要的干扰，致力于目标的实现。

二、生涯发展方案调整方法

(一)自我评估

自我评估是对自己进行全面的分析,包括个人的性格、兴趣、能力、价值观等。

首先,分析兴趣与职业的关系。

俗话说:"萝卜白菜,各有所爱。"每个人的喜好不同,就会有不同的选择。在影响个人职业生涯的诸多因素中,兴趣就像一双无形的手。兴趣可以为职业生涯选择提供有效的信息,引导个体找到最适合自己的职业道路。

个体总是倾向于寻找与自己的兴趣倾向一致的职业类型。例如,喜欢与事打交道,而不喜欢与人打交道的人,比较适合从事制图、勘测、工程技术、建筑、机器制造等工作;而喜欢与人交往,对销售、采访、传递信息一类的活动感兴趣的人,更适合从事记者、推销员、服务员、教师、行政管理、外交联络等工作。

其次,分析个性与职业的关系。

在职业选择中,我们应该尽可能地充分考虑到自身的个性特征与职业要求的匹配程度。如果匹配程度高,那么将来从事工作时会更加得心应手。

再次,分析能力与职业的关系。

当今时代赋予了个体更多的自主权,所以大多数人都能从自身的兴趣出发选择职业,但也有人无论怎么努力都达不到目标,甚至早早被淘汰出局。原因很简单——这些人只知道自己想干什么,却没有认真衡量自己能干什么。换句话说,他们忽略了对自己的能力的评估判断。

（二）环境分析

一份有效的职业生涯规划要求我们在全面认识自我的同时，也要分析外部环境特征，以评估职业机会。

1. 社会环境分析

社会环境包括政治环境、经济环境、法律环境、科技环境、文化环境、职业环境等。社会环境分析对我们的职业生涯乃至人生发展都有重大影响。在做个人职业生涯规划时，要特别注意对职业环境进行分析，要认清所选职业在社会大环境中的发展状况、技术含量、社会地位、未来趋势等。

2. 行业与企业环境分析

行业环境分析包括对目前和将来想从事的目标行业的环境分析，如行业的发展状况、国际国内重大事件对该行业的影响、行业目前的优势与问题、行业的发展趋势等。

企业环境分析包括企业在本行业中的地位、现状和发展前景，面对的市场状况，产品在市场上的发展前景，能够提供的岗位等。

通过以上分析，我们可以确定自己的职业生涯在相关行业、企业中是否有足够的发展空间，以及个人目标实现的可能性。

（三）调适身心

调适身心是指对自己的身心进行调整，使之能积极、正确地面对工作和生活。

1. 性格调适

性格对一个人是否能成为社会有用之才有重要影响。对于大学生来说,培养健康的性格和掌握知识技能一样重要。

2. 心理调适

(1)自我对话

自我对话既可以是积极的,也可以是消极的。积极的自我对话的优点有:第一,它能使个体产生一种积极的期待,让个体对即将开始的行动充满信心,并愿意为之付出更多的努力;第二,它能强化积极的行为。而消极的自我对话易对个体产生不良影响,让个体丧失信心。

(2)自我觉察

自我觉察指个体知道自己“正在做什么”以及“为什么做”。自我觉察促使个体成为更有效的问题解决者,并通过自我监控,了解自己的身心状态,对身心状态进行调整。

(3)自我监控

自我监控是指对自身和正在做的事情的进展状况进行思考和调控,以控制每个时期或阶段的时间分配,及时调整行为方式和策略。

总之,大学生要客观分析自己的优势、劣势和面临的挑战,在工作中遇到挫折时,要加强自我心理调适,避免出现盲目自信、妄自菲薄、犹豫不决等情形。同时,对可能出现的问题要做好相关的预案,积极调整自身行为,以沉着冷静、自信乐观的心态面对困难。

第十二章 生涯管理技巧

第一节 情绪管理技巧

人不可能永远处于好情绪中,生活既然有挫折和烦恼,人就会产生消极情绪。一个心理成熟的人,是善于调节和控制自己情绪的人。"心宁则智生,智生则事成""知止而后有定,定而后能静,静而后能安,安而后能虑,虑而后能得"。情绪影响大学生的学业、身心健康、人际交往和自身的成长,因此对情绪进行有效管理对大学生来说具有重要的现实意义。

大学生正处在青春期向青年期的过渡时期,生理发育基本成熟,心理上经历着急剧的变化。大学生通常非常关注自我,注重个性表达,情绪体验丰富。相对于中学生而言,大学生情绪存在外显与内隐、丰富与狭隘、稳定与波动、强烈与细腻并存的特点。大学生常会出现情绪反应过度,如遇到冲突时容易愤怒、遇到困难时过度焦虑,以及情绪反应不足,如容易抑郁、对身边的人和事表现得过于冷漠等情况。

情绪管理是指个体主动调整自身的情绪，能够在不同的时间和场合，恰如其分地表达情绪，达到内心世界与外部环境的平衡，从而保持身心健康。

控制情绪的方法有：意识控制、自我鼓励、语言调节、自我安慰等。情绪管理主要包括评估情绪、表达情绪、调节情绪和应用情绪四个步骤。

被称为"情商之父"的丹尼尔·戈尔曼（Daniel Goleman）在其撰写的畅销书籍 *EQ*（《情商智力》）中指出，情商比智商更能影响个人成功。具体来说，情商包括认识自己的情绪、管理自己的情绪、认识他人的情绪、使用情绪的能力以及自我激励五个方面。其中情绪管理能力是核心，一个人只有懂得管理自己的情绪，才能够识别他人情绪，并使用情绪影响他人。

情绪管理方法丰富多样，因人而异，大致可以总结为"一本、两杆、N 枝"。

"一本"指的是认识自己。只有了解自己、明确目标方向的人才能在不同的情景中对自己有客观、准确的定位。

"两杆"指的是阅历和身体状况。只有不断阅读、实践，才能拓宽视野，临危不乱；同时只有养成良好的生活习惯、合理饮食、积极锻炼，才能保持身心健康，有充分的精力和体力应对现实的各种挑战。

"N 枝"指各种调节技巧。个体需要结合自身的实际情况，选择适合自己的方式进行调节，如运动、旅游、烹饪、听音乐、看电影、记日记、和朋友聊天、冥想放松，等等。

情绪从本质上来讲，是动机、欲望满足与否的表现。每一次情绪的波动，其实都是我们觉察与成长的机会。觉察情绪波动时的心理感受、身体反应，可以让我们深入分析自己的行为模式，分析自己在成长过程中那些未满足的欲望与期待，然后通过"接纳""原谅""转变"等方式放下、成长。

第二节　时间管理技巧

拥有良好的时间管理意识,对现代大学生来说,具有十分重要的意义。

时间管理是指运用一定的技巧、方法与工具对时间进行有效分配,从而实现个人或组织的既定目标。哲学家对“时间”有着这样的描述:“时间是物质运动的顺序性和持续性,是一种特殊的资源,具有供给毫无弹性、无法蓄积、无法取代、无法失而复得等四大特性。”

时间管理有如下方式:

第一,设立明确的目标。

大学生要安排好大学生活,制订相应的学习计划、读书计划等,并有始有终地执行计划,将计划落实到实践中。

第二,掌握“二八定律”。

用80%的时间来完成20%重要的事情,对实现目标有事半功倍的效果。因此大学生要对学习、生活中的各类事项进行合理安排,区分事项的轻重缓急,让时间发挥更有效的作用,学会有效管理时间,抓住机遇,以实现个人发展目标。

第三节　压力管理技巧

压力管理可以分为宣泄、咨询、引导三种方式。

宣泄作为一种对压力的释放方式,可采取各种办法,如在没人的地方大叫、运动、唱歌等。有研究表明,体育运动、家务劳动等对减轻压力有一定效果。

咨询是向专业心理咨询人员或亲朋好友倾诉自己心中的复杂情绪。不论倾诉对象能否排忧解难,倾诉本身就是一种很好的减轻压力的方法。专业心理咨询人员一般会通过语言、文字等媒介物与咨询者进行沟通,以调整咨询者的心理或情绪,改变咨询者对压力等负面情绪的看法,解决其出现的心理问题,从而帮助咨询者调整心态,正确面对和处理压力,保持身心健康,提高工作效率和生活质量。

引导是通过他人帮助改变自身心态和行为方式,使自身能正确对待压力,将状态调整至最佳。

第四节　人际关系管理技巧

一、人际关系定义及意义

社会学将“人际关系”定义为人们在生产或生活活动过程中建立的一种社会关系。心理学将其定义为人与人在交往过程中建立的直接的心理上的联系。人际关系也被称为“人际交往”,包括亲属关系、朋友关系、同学关系、师生关系、雇佣关系、战友关系、同事关系等。人是社会动物,每个个体均有独特的思想、态度、个性、行为模式及价值观,人际关系对每个人的情绪、生活、工作都有很大的影响,甚至对组织气氛、组织沟通、组织运作、组织效率也有极大的影响。

人际关系能促进自我认识深化,帮助个体找准自己的社会位置,扮演好自己的社会角色。

人际关系能促进人类的社会化进程。人际关系是社会发展的必然产物,也是社会发展的基本前提。没有人际交往过程中所形成的各种各样的网络关系以及人们担当的各种各样的社会角色,社会发展也无从谈起。

人际关系与我们密不可分,是社会生活的一部分。良好的人际交往能力是大学生社会化的起点,也是将来在社会立足的生存需要。

二、建立良好的人际关系

建立良好的人际关系有如下几个原则。

尊重原则:包括自尊和尊重他人。自尊就是在各种场合都要尊重自己,维护自己的尊严,不要自暴自弃;尊重他人就是要尊重别人的生活习惯、兴趣爱好、人格和价值观等。只有尊重别人,才能得到别人的尊重。

真诚原则:只有以诚待人,才能产生感情的共鸣,才能收获真正的友谊。

宽容原则:人们在交往中,难免会产生摩擦或矛盾冲突。我们要学会宽容,不要斤斤计较,正所谓"退一步海阔天空"。

互利合作原则:互利是指双方在满足对方需要的同时,又都能得到回报。人际交往是双向选择、双向互动。在交往的过程中,双方应互相关心、互相爱护,要考虑双方的共同利益。

理解原则:理解是良好的人际交往的前提。理解就是我们要真正了解对方的处境、心情、好恶、需要等,并真心实意地关心对方。

平等原则:与人交往应做到一视同仁,不因家庭背景、地位职权等原因而对人另眼相看。平等待人就是要学会将心比心、换位思考。只有平等待人,才能得到别人的平等对待。

信用原则:言必信,行必果,“人无信不立”“言而无信非君子”。要取信于人应做到以下几点:第一,守信,言行一致,说到做到;第二,信任,不仅要信任别人,而且要争取赢得别人的信任;第三,不轻易许诺;第四,要诚实,答应别人的事要尽量做到,做不到的要解释清楚,以获得对方的理解;第五,要自信,给别人以信赖感和安全感。

在人际交往中有几个容易被人们忽视的细节,列举如下。

慎重给人提建议。智者不需要建议,傻瓜不采纳建议。当别人主动征求建议时,再向他们提供真诚的建议,而不要动不动就向别人提建议。

善于倾听别人说话。在与别人交流的时候,应认真仔细倾听对方说话,以准确理解和领会对方想要表达的意思。如果心不在焉,别人会感觉你不真诚。

换位思考。遇到问题时,不妨站在对方的角度去思考,多从对方出发。养成这样的思维习惯,在处理很多问题时,就能更全面、更周到。

三、大学生人际关系困境与建议

豪斯顿教授通过研究人际关系发现,协调的人际关系有利于心理健康和身体健康。社会支持可防止或减少心理紧张造成的心理伤害。因此大学生要学会妥善地处理人际关系,避免在人际交往中出现问题。

比起中学生,大学生的人际关系更复杂,独立性更强,更具社会性,因为此时个体才开始真正独立地步入了准社会群体的交际圈。大学生处于一种渴求交往、渴求理解的心理发展时期。他们开始尝试独立的人际交往,并有意识地发展自己的交际能力。可是,很多大学生不能较好地处理人际关系,存在各种各样的问题。

(一)大学生人际交往中的问题

1. 缺少知心朋友

很多大学生缺乏自信,总感觉自己缺乏影响力,没有知心朋友,因而倍感空虚、迷茫和失落。

2. 与个别人难以处好关系

在大学里,最容易起摩擦的地方就是宿舍。舍友朝夕相处,因看不惯对方的某些习惯而发生冲突的事情时有发生。有的大学生可以与很多人维持良好的人际关系,却与个别人难以和睦相处,常有如鲠在喉的感觉。以下几点建议,可以借鉴。

多一些宽容,少一些抱怨。就事论事,不要逞一时口舌之快。遇事要学会换位思考,不能“宽以待己,严于律人”。

有问题要及时沟通,不要等积压到最后直接爆发。比如宿舍作息不一致,可以在最初认识时就制定一个大家都认可的作息时间表,每个人自觉遵守,就能减少很多矛盾。

不要故意触及别人的底线,不要打听对方的隐私,不要有意疏远别人,也不要在背后说别人的坏话,应真诚地对待每一个人。

3. 感到交往有困难

部分大学生渴望交往,渴望有知心朋友,可由于个性缺陷、交往心理障碍、交往能力有限、方法欠妥等多种原因,人际关系处理不好,不怎么受人欢迎。因而他们往往感到苦恼、沮丧。

4. 社交恐惧症

部分大学生不善于交往,甚至惧怕交往。他们对人际交往特别敏感、害怕，极力回避与人接触，不得不交往时则感到紧张、恐怖，心跳加快、面红耳赤，总是处于焦虑状态或一种莫名的心理压力之下。与人交往，甚至在公共场所出现，对他们来说非常痛苦。

5. 性格孤僻，不想交往

前面讲述的几类大学生虽然存在交往问题，但至少有交往的愿望。可还有一类大学生缺乏这种愿望和兴趣，喜欢自我封闭、孤芳自赏。但这种情况比较特殊，人数也很少。

（二）大学生人际关系问题背后的心理障碍

1. 认知障碍

认知障碍在大学生人际交往中较为常见。大学生多处于青年期，他们的自我意识迅速增强，但心理不成熟、社会阅历有限，因而人际交往容易理想化，很容易遭受挫折而导致认知障碍。另外，部分大学生以自我为中心，喜欢自吹自擂、装腔作势，忽视平等、互助等基本交往原则，不考虑对方的感受与需要，因而无法处理好人际关系。

2. 人格障碍

人格障碍也是一种常见的人际交往障碍，它是指明显偏离正常范围且根深蒂固的行为方式，导致人对于周围的环境、人际关系等表现出明显的适应不良，从而引发误解、矛盾与冲突。

3. 情感障碍

大学生处于青年期，人际交往中的感情色彩很浓重。因而，情感障碍很容易对人际交往产生不利影响。大学生的主要情感障碍包括嫉妒、自卑、自负、害羞、孤僻等。

(三)克服人际交往心理障碍的方法

1. 充分了解大学校园人际关系的特点

从正式步入大学校园的那一天起,人际交往的对象和特点就发生了根本的变化。大学生不仅要同自己喜欢的人交往,还要与自己不喜欢的人保持友好的关系,这是大学校园人际关系的一个突出特点。

所以对大学生而言,了解这一特点并建立一种新的人际关系不仅是环境的要求,也是个体逐渐走向成熟和走入社会的必要条件。大学生必须逐步摆脱以自我为中心的思维方式,学会设身处地地为别人着想,并在此基础上建立独立、和谐的人际关系。

2. 注重人格的塑造和能力的培养

一个品质好或具有某些特长的人更容易受到人们的喜爱。大学生若想增强人际吸引力,与他人融洽地相处,就要不断健全自己的人格,展现自己的特长,提高自己的能力和才华。

3. 宽宏豁达,以诚相待

在多元化的社会中,人们之间的关系越来越复杂。大学生要与周围的人保持良好的关系,就要具备宽宏豁达的心理品质,多为别人着想,真诚地对待每一个人。

《礼记·学记》有云:“独学而无友,则孤陋而寡闻”。人际交往可以帮助我们加深对自己的认识以及对别人的认识,从而不断交流信息和成果,丰富经验、增长见识、开阔视野、活跃思维、启迪思想。

第五节 情感管理技巧

爱情是一个古老而又常新的话题。处于青年期的大学生,关注和渴望爱情是一件正常的事。

那么,大学生应该如何正确对待恋爱问题,处理好爱情与学业的关系呢?

一、选择要慎重

大学生选择恋人,多半是同班同学或同乡,这样存在一定的局限性和弊端:一是交往范围狭窄;二是存在很强的不稳定性。因此,大学生选择恋人要慎重,不能因一时孤独或感动,就匆匆陷入一段恋爱关系,这样对自己和对恋人都是不负责任的表现。

二、交往要有度

大学生如果不能很好地处理感情问题,既会影响正常的生活与学习,也会淡化同学关系,妨碍友谊的建立和发展,影响学业与前途。因此交往要有度,不要做引起对方误会的事情。

三、不要脱离现实

很多大学生情侣毕业后由于工作的原因,天各一方,成为当代的"牛郎织女”,长年解决不了两地分居的问题,给身心和事业都造成影响和损失。所以,大学生在校期间谈恋爱,必须面对未来就业的现实,理智地对待爱情。

四、不要过于庸俗

大学校园中,有的同学在对待恋爱问题时,把对金钱和家庭背景的考量放在第一位;有的同学追求异性是为了寻求精神寄托;还有的同学以身边是否有异性相伴作为衡量自身价值和魅力的标准。

爱情是基于一定的物质基础和共同的生活理想,在双方心中形成的最真挚的仰慕,并渴望对方成为自己终身伴侣的强烈、稳定、专一的感情。大学生的心理素质、恋爱观尚未完全成熟,应将有限的时间放在学习和提高自己的素质上,而不应该沉湎在无节制的恋爱中。

第十三章　追寻美好人生

第一节　成功的要素分析及规律

一、成功的要素分析

成功的生涯发展,是实现自我的一种状态。成功的人与普通人在以下三个方面有明显不同。而这三个方面,有可能决定了人生的成败。

(一)注意力

注意力,是指人的心理活动指向和集中于某件事情的能力,是智力的五个基本要素之一,也是记忆力、观察力、想象力、思维力的准备状态。俄罗斯教育家乌申斯基说:"'注意'是我们心灵的唯一门户,意识中的一切,必然都要经过它才能进来。"

注意力在各种认知活动中起着主导作用。由于注意力,人们才能集中精力地感知事物、深入地思考问题,而不被其他事物所干扰。不论工作还是学习,高度集中的注意力都能带来事半功倍的效果。

(二)思考力

思考是针对一个或多个对象进行分析、综合、推理、判断的探索活动。所谓思考力,就是思考的能力,是人们在思维过程中产生的一种具有积极性和创造性的作用力。

思考力取决于思考者掌握的关于思考对象的知识量和信息量的大小,如果没有相关的知识和信息,就不可能产生相关的思维活动。一般情况下,知识量和信息量越大,思考就越具体、全面和完整。

对于成功来讲,思考力至关重要。爱因斯坦曾说,人与动物之间的区别,在于人具有独立思考和判断的能力。

在物理学中,力有三个基本要素:大小、方向、作用点。思考力也离不开这三个基本要素。

思考要有一定的目的性和方向性,思考的这种目的性和方向性决定着思考的角度和向度。

思考不是天马行空、胡思乱想,思考必须有作用点,即着力点。思考的作用点与思考的目的性和方向性是相辅相成的。因为思考仅有目的性和方向性还不够,还必须在目的性和方向性的基础上找准着力点,否则很容易精力分散、思维紊乱,或者停留在事物的表面,如蜻蜓点水,无法深刻认识事物的本质。

(三)方法

方法是指为获得某种东西或达到某种目的而采取的手段与行为方式,

是人们处理问题应遵循的条理、轨迹和路径。

黑格尔认为："方法即工具。"高尔基说："学习并不等于就是模仿某些东西，而是掌握技巧和方法。"

谋略、计策，都属于方法。

谋略是指通过对眼前和长远问题的思考而制定的解决对策和方案；计策是指人们通过积极发挥主观能动性，采用巧妙的方法达到自己目的的策略。

中国有句古语，叫作"大丈夫做事应好谋善断"。这句话的意思是做任何事情都要讲究方式方法，尤其遇到困难时，更要想办法解决。遇到阻力就打退堂鼓，肯定不会成功。

二、成功不能复制，但可借鉴

为什么说成功是无法复制的？因为每个人的"成功路径"都是独一无二的。

一个人成功的因素，不是简简单单几个字就能概括出来的，而是由许多因素共同决定的：外貌、性格、能力、勇气、运气、环境、贵人，等等。

成功的人不会迷信或复制某种经验，他们只会根据自己所处的环境和拥有的资源来分析思考，切实地制订属于自己的独一无二的计划。而很多人失败在于：喜欢给自己树立各种标杆、榜样，喜欢跟着榜样的脚步走，轻意地相信他人，却不愿相信自己。他们两眼只盯着空洞的未来，而错过了身边许多能够改变自己命运的机会。因此，在成功的道路上，不要一味地模仿别人，而要找寻自己的特色。

成功不能复制，但榜样不可不无。

借鉴他人是必要的,但借鉴不是不经思考地全盘吸收,更不是将榜样的一举一动奉为真理,而是有选择地借鉴他人的优点,并将其和自己的实际情况结合起来。

第一,选择合适的参照对象。

能对我们造成实质性的心理冲击,使我们真正能够作出改变的,不是遥不可及的偶像,而是身边的人。

合适的参照对象,既可以是我们的家人、朋友,也可以是工作中的同事、上司等,总之是生活中便于接触的优秀的人。因为他们与自己的生活环境相仿,便于我们在日常生活中进行深入了解,观察到他们真实的一面,看到他们在成功背后付出的努力。

第二,记录他人的长处,有针对性地学习。

天生我材必有用。层次越高的人,越能观察到别人的优点。

杜威曾说,一个人应利用别人的经验,弥补自身的不足,这是教育的一个重要组成部分。通过有针对性地学习身边人的优点,大学生可以不断完善自己,同时也给彼此增加了相处和了解的机会。

第三,对自己的实际情况进行反思,对他人的建议进行"过滤"。

借鉴过来人的经验,可以避免走一些弯路。但是,经验可以借鉴,但绝不能迷信。因为每个人的经历不同,所处的环境及立场都不一样,建议的适用性就会迥然不同。盲目听信,可能对自己的发展并没有好处。

总而言之,不要让你的脑子成为他人的跑马场。对于别人的建议,要"择其善者而从之",结合自己的实际情况使用。

第二节　提升生命价值

每个人都要珍惜生命,因为生命只有一次,我们要将生命过得充实而有意义。

一、珍惜生命

珍惜生命不仅仅是指不放弃生命,这只是最基本的一个条件,没有这个条件,一切都是虚无和没有意义的。可是有了这个条件也不代表珍惜生命。惠特曼曾说:"当我活着,我要做生命的主宰,而不做它的奴隶。不做生命的奴隶就不会对命运束手无策,不做生命的奴隶就不会颓废地生活。"

人的一生不过三万多天,在这短暂的生命历程中,交织着矛盾和痛苦,充满着求索和艰辛,遍布着荆棘和坎坷,这正如那不为人知、寂寞生长的野果树,只有异常沉重的付出,才能换来无比丰硕的甜美果实。渺小与伟大、悲伤与幸福、失意与重塑、挫折与幸运,丰富着我们的人生。只有珍爱生命,做自己的主人,才能抛弃渺小、悲伤、失意和挫折,拥抱伟大、幸福、重塑和幸运。

二、升华生命

教育家罗家伦在《新人生观》一书中写道:"建立新人生观,就是建立新的人生哲学。它是对于人生意义的观察、生命价值的探讨……我们生命的意义是什么？生在世上有什么价值？我们如何能得到富有意义和价值的生命？我们的前途又是怎样的？这些不断的和类似的问题，我们今天不想到，明天不定会想到；一个月不想到一次，一年不定会想到一次；在红尘滚滚，头昏脑涨的时候纵然不想到，但正值晓风残月、清明在躬的时候，不定也会想到……若果有永远不想到的人，那真不愧为醉生梦死、虚度一生的糊涂虫了。"

人生观是一个人的道德观、社会观、世界观、生命观等各种价值观的统整，是一个多元价值总和。如果缺乏明确而深刻的价值观，就很难建立明确而深刻的人生观。人生观的确立，与家庭教育、学校教育、社会教育、工作性质等客观条件有着密切而深刻的联系，这些因素是奠定人生观的基础，也是构建人生哲学的认知条件。由于人生观是一个多元价值总和，因此，倘若各种价值在一个人身上发生矛盾和冲突时，他的统整就是对各种价值进行权衡、判断与选择，其结果仍然是他坚守的人生观。

中国哲学家冯友兰先生认为，人生有四种境界：自然境界、功利境界、道德境界、天地境界。

自然境界。一个人做事，只是顺着他的本能或社会的风俗习惯。就像小孩和原始人那样，并无觉解，也不甚觉解。这样，他所做的事，对于他就没有意义，或只有很少意义。

功利境界。一个人将自己的利益放在第一位，为自己做各种事。但这并不意味着他就是不道德的人。尽管其动机是利己的，但他做些事的结果也可能有利于他人，只是他所做的各种事，对于他都有功利的意义。

道德境界。道德高尚的人为社会的利益做各种事，如儒家所说，他就是"正其义，不谋其利"。道德高尚的人做的各种事都有道德的意义。

天地境界。一个人可能了解到超乎社会之上，还有一个更大的整体，即宇宙。他不仅是社会的一员,还是宇宙的一员;他不仅是社会组织的公民,还是孟子所说的“天民”。有这种觉解,他就会为宇宙的利益而做各种事。他了解所做的事的意义,并自觉、主动地做他认为应该做的事。这种觉解为他构成了最高的人生境界。

第三节　如何定义幸福

一、幸福是什么

亚里士多德曾说,幸福是人一切行为的终极目标。而马斯洛认为,幸福即个人真正的需要得到满足后的内心和谐与安宁。

追求幸福是人的一种本领、一种能力。只有不断反省自己,抵制不良情绪,不断地完善自我,才能认清自我,获得真正的幸福。

幸福从来不在于你拥有什么,幸福在于用自己的能力去创造,用心去感受。真正的幸福的源泉不是来自外界,而是来自每个人自身,是我们对生活的态度,是面对现实的人生选择,更是对幸福的独特理解。幸福不是拥有的多而是计较的少。老子说“少则得,多则惑”,我们要学会舍而后得。

二、倡导生命、家庭与事业的平衡

事业和家庭目标不能偏废,必须同时兼顾。如果我们只专注于事业,忽略家庭和身体健康,那将得不偿失。

事业和家庭的平衡不会凭空而降,而要靠我们自己来用心经营。

首先,我们应设定工作和生活各自的边界。在设定的过程中,我们既要从事业的角度去考虑,也要从家庭的角度去考虑。可以分阶段设定,比如这一阶段更倾向于家庭,下一阶段更倾向于事业等。

其次,根据自己的条件来定义成功。随着个人年龄的增长,我们对财富的概念可能会不断变化。我们交往的人中,比我们富有的人越多,我们可能越觉得自己很穷。其实,这样比较是没有意义的,我们要根据自己的条件来定义成功,比如你的自我感觉、你的家庭成员的感觉、你对社会的贡献、你的自我成长等,这些远比金钱重要。

第四节 保持快乐的状态

快乐是一种自我实现和满足的感觉。快乐,是健全心智所产生的深刻的生命充盈感。

快乐应向内找,而非向外求。

西藏有句谚语:从自身之外寻找快乐,就像在背阴的山洞里寻找阳光。

一位智者曾说:“不要用对物质的追求,掩盖精神的懒惰。”一味向外求幸福,如同往漏水的桶里装水,都是用错了方法,白费了力气。真正的快乐,应当向内求索。

虽然世界难以改变,我们却可以改变看待世界的方式。因为快乐是内在状态的反映,怎么看待世界决定你是否快乐。一瞬间的“放下”是一种深刻的内在满足感,即使外界纷纷扰扰,内在的平和也可以让我们感到安宁和快乐。

参考文献

[1] 沈之菲. 生涯心理辅导[M]. 上海：上海教育出版社,2000.

[2] 杜毓贞. 生涯发展与辅导[M]. 北京：开明出版社,2012.

[3] 施恩. 职业的有效管理[M]. 仇海清,译. 北京：生活·读书·新知三联书店,1992.

[4] 马士斌. 生涯管理:让辉煌事业伴随人的一生[M]. 北京：人民日报出版社,2001.

[5] 赵恩北. 大学生职业生涯发展与辅导[M]. 石家庄：河北人民出版社,2010.

[6] 李家华. 生涯规划与管理[M]. 上海：上海交通大学出版社,2011.

[7] 赵雪政,余少军,余金保. 大学生职业生涯规划与管理[M]. 上海：上海交通大学出版社,2022.

[8] 杨秀英,公丕国. 生涯规划与管理[M]. 北京：北京理工大学出版社,2022.

[9] 梁杰,杨一笔,雷承春. 大学生职业生涯规划与就业指导[M]. 武汉：华中科技大学出版社,2022.

[10] 李竹宇. 认知自我与规划人生:大学生职业生涯规划与就业创业发展研究[M]. 北京：北京燕山出版社,2022.

[11] 苏志刚,郭惠惠. 知行合一,做最好的自己:大学生自我认知与自我成长[M].

厦门：厦门大学出版社,2022.

[12] 李文锋,于红芸. 大学生生涯规划与职业发展实训手册[M]. 济南：山东人民出版社,2022.

[13] 仇华. 大学生职业生涯规划与创业就业指导[M]. 北京：北京工业大学出版社,2023.

[14] 菅浩然,常小芳. 大学生生涯发展与就业指导[M]. 成都：电子科技大学出版社,2019.

[15] 曲振国,陈爱军,刘维利. 大学生生涯发展规划[M]. 济南：山东人民出版社,2012.

[16] 张必涛. 大学生生涯发展规划[M]. 成都：四川大学出版社,2008.

[17] 吴继霞,吴铁钧,黄文军. 大学生生涯发展规划:理论与实务[M]. 苏州：苏州大学出版社,2012.

[18] 谭建鑫,吴晓雄. 大学生生涯发展与职业规划[M]. 成都：西南交通大学出版社,2010.

[19] 张光旭,李文锋. 大学生生涯规划与职业发展[M]. 济南：山东人民出版社,2021.

[20] 高山川. 大学生生涯规划与发展[M]. 上海：复旦大学出版社,2015.

[21] 程利娜. 寻路:提升大学生就业能力的职业生涯教育研究[M]. 西安：西北大学出版社,2015.

[22] 胡东亮,迟昊婷,师帅. 大学生就业指导与创业教育研究[M]. 北京：研究出版社,2023.

[23] 付宝森. 规划未来:大学生体验式生涯发展与规划[M]. 沈阳：辽宁人民出版社,2023.

[24] 王伟宾,黄佳音,张萌萌. 大数据时代的职业生涯与就业指导[M]. 北京：北京理工大学出版社,2021.

后　记

在我心中一直有一段美好而难忘的工作记忆，那就是从2003年至2011年曾在中国地质大学(北京)和中国传媒大学担任辅导员，有幸与几千名大学生成为知心朋友，助力他们成长成才。本书正是以这些学生的经历为样本，从辅导员的视角思考总结而成的，希望借此帮助各位同仁更好成为大学生的“人生导师”，让每位大学生更好成为自己的人生规划师。囿于工作繁忙和学识水平，本书从2012年起意至今完稿，中间断续修改不知多少次，也有过放弃的念头，因此难免有诸多不足之处，还恳望各位专家学者批评指正！

本书付梓在即，要特别感谢我的导师胡智锋教授，从选题、构思和写作等全方位给予指引，没有胡老师最初的支持和鼓励便不会有本书的呈现。还要感谢两所学校的领导，以及和我一起从事学生工作的“战友”，是你们给了我锻炼平台、实践场域和经验指导，特别是金胜、姜纳新、王淑娟等老师的点拨让我获益良多。在我心生弃念的时候，是我的家人给予了最大支持，促我前行；朱立谷教授、彭文祥教授、唐培林教授和唐子云女士等一批师友从各方面送来关怀，给我动力。给予过帮助的领导、老师、同事、亲友还有很多，但因篇幅，请恕不能一一列举。最后要感谢中国传媒大学出版社张毓强、赵均、张国涛、王进、蔡开松等社领导和赵欣、张笛编辑，正是他们专业、细致、严谨、高效的态度和高度的责任心让本书得以面世。

谨以此书献给助我成长的人和渴望成长的人，愿大家生活幸福，前程无忧！

肖怀宇

2023年冬于北京